中国新经济

韩秀云 著

中信出版集团 | 北京

图书在版编目（CIP）数据

中国新经济 / 韩秀云著 . -- 北京 : 中信出版社，2020.7（2022.3重印）
ISBN 978-7-5217-1810-2

Ⅰ. ①中… Ⅱ. ①韩… Ⅲ. ①中国经济—经济发展—通俗读物 Ⅳ. ①F124-49

中国版本图书馆 CIP 数据核字 (2020) 第 069212 号

中国新经济

著　　者：韩秀云
出版发行：中信出版集团股份有限公司
（北京市朝阳区惠新东街甲 4 号富盛大厦 2 座　邮编　100029）
承 印 者：宝蕾元仁浩（天津）印刷有限公司

开　　本：880mm × 1230mm　1/32　　印　　张：7　　字　　数：150 千字
版　　次：2020 年 7 月第 1 版　　印　　次：2022 年 3 月第 10 次印刷
书　　号：ISBN 978-7-5217-1810-2
定　　价：58.00 元

目　录

序 言

亲爱的读者朋友，大家好。

2020 年年初，新型冠状病毒对人类发起了攻击，给世界造成了空前的灾难，也给全球经济带来了巨大损失。各国相继出台了刺激经济的政策，美国政府放出了天量货币，许多国家的政府用发钞和发债的方式来拉动经济。这种大力度的刺激政策会造成什么样的后果呢？短期来看，各国会出现通货紧缩的情况，表现为零利率和负利率；长期来看，各国会出现不同程度的通货膨胀。在这种宏观背景下，我们该如何管理自己的财产，让它不贬值，甚至保值和增值呢？疫情过后，中国将涌现新经济模式和新趋势，我们又该如何把握？这正是本书要告诉大家的。

本书内容分为四个部分。

第一部分是新宏观。我把宏观经济概括为“六大率”加“一个周期”，包括经济增长率、通货膨胀率、失业率、利率、汇率、税率和经济周期。如果不了解利率的变动，你就不知道经济的冷与热；

如果不了解通货膨胀率，你就不知道持有大量现金的风险；如果不了解汇率的变化，你拿着货币心里就没底儿；如果不了解经济周期，你就不知道何时有投资机会，该买哪种理财产品。因此，掌握这些宏观经济指标对你来说很重要。

第二部分是新产业。这部分分析了哪些产业有良好的发展前景，包括服务产业、文化产业、资源产业、环保产业、养老产业、保险产业、旅游产业、大健康产业、互联网产业和人工智能产业。我们可以看一下，自己是否处于这些行业之中，与此同时，给自己做一个职业规划，并思考一下有没有投资这些产业的兴趣和机会。

第三部分是新微观。这部分介绍了微观经济学的基本概念，包括机会成本、边际效用、比较优势、信息不对称、行为经济学。你只有学会从经济学的角度进行思考，才能在市场的博弈中胜出。

第四部分是新理财。这部分介绍了许多理财产品。假如你手上有钱，要找到合适的理财方式，让你的投资收益跑赢通货膨胀。买房还是买股票？买保险还是买基金？投资孩子的教育还是提高自己的人力资本？退休后应该如何理财？这些问题，书里都有答案。我们要考虑在人生的不同阶段，有目的地去理财。

最后，本书分析了中国经济未来的发展趋势。试问，当下一轮中国经济增长大潮来临时，你做好人力资本和财力资本的准备了吗？

书中的经济理论有一定的难度，我尽量用通俗的语言深入浅出地讲给你听，而产业和理财的内容相对容易，因为它和你的生活息息相关。

人工智能时代即将到来，这个时代的机会很多，风险也很大。以后凡是重复性的简单工作都将被机器替代。你要问自己：“5~10年后，我的工作方向在哪里？”从现在开始，你要投资自己，还要学会投资理财，这样你的一生才会有希望。

新冠病毒的大暴发带给我们许多启发：健康重要，活着重要，亲情更重要。短期来看，经济增速会放缓，企业和个人都会受到影响；长期来看，经济将迎来新的发展，5G 网络建设、特高压、数据中心、人工智能、充电桩、远程办公、线上教育、网络视频等新兴产业的发展势头迅猛。我国政府主要用刺激居民消费来拉动经济增长，而我国在新基建方面投入巨大，形成新的经济增长点，这会产生新的投资机会，产业趋势也会发生变化。此外，中小企业的生存与发展很重要，这是解决我国就业问题的关键。

在大难中寻找机会，在逆境中寻求突破，中国经济将会迈上一个新台阶。据预测，中国的经济总量将在 2030 年赶上美国。到那时，中国将成为世界经济中心，面对这千年等一回的机会，你做好准备了吗?

读者朋友，希望这本书能让你收获满满。

韩秀云

2020 年 4 月 5 日于北京香山

新宏观

宏观经济可以概括为“六大率”与“一个周期”。包括经济增长率、通货膨胀率、失业率、利率、汇率、税率和经济周期。如果不了解通货膨胀率，你就不知道持有大量现金的风险；如果不了解利率的变动，你就不知道经济的冷与热；如果不了解汇率的变化，你拿着货币心里就没底儿；如果不了解经济周期，你就不知道何时有投资机会，该买哪种理财产品。宏观经济，为你理清思路，让你看清趋势。

第1讲

中国经济的奇迹

说到中国经济，大家都很关心。我国 GDP 在近 30 年的时间里达到了年均 10% 的增长率，这是人类经济史上绝无仅有的奇迹。这一讲我们主要谈谈中国经济发展的历史和现状。

人类经济增长的历史

世间没有任何一个故事会比人类进化和经济增长的历史更吸引人。地球大约在 46 亿年前就形成了，我们几乎无法想象它究竟有多远久。地球形成后，又过了很久，人类出现了。

人类聚集起来打猎、采集野果。学会用火以后，人类又把打来的猎物烤熟了吃。就这样，人类开始进化，智力越来越高，变得会思考、有梦想。从那时开始，人类作为一种经济动物，成了这个星球的主宰。人类最初过着到处流浪的生活，大家在一个地方打猎、采集野果，发现这个地方的东西越来越少后，就转移到另外一个地方。

大约在 10 000 年前，人类有了一次大的进步。当时，大型猎物越来越少，气候变得干燥，野果也不多了。与此同时，人口却在增加，食物不够了怎么办？这就产生了农业革命。新石器时代的农业革命有两个标志：一是耕种，二是饲养动物。这让人类社会发生了翻天覆地的变化。就这样，人类度过了漫长的农业社会。

18 世纪出现了工业革命，蒸汽机、铁路、电话、电报、海底电缆等问世，人类进入了工业时代。在 20 世纪中叶又出现了信息革命，有了计算机和互联网，人类进入了信息化时代。

在公元前 8 000 年时，地球上的人口只有 600 万，现在，地球上的人口超过了 75 亿，可人类的生存空间却大致相同。人类必须通过不断地提高生产效率来解决生存和发展的问题。那么，中国是怎么做的呢？

中国创造的经济增长奇迹

秦始皇统一了文字、度量衡和货币，此后中国就成了一个强大的集权国家。

古时的中国是世界上非常富裕的国家之一。在清朝的康熙、乾隆年间，中国的 GDP 曾占世界 GDP 总量的 1/3。

社会出现分工后，经济发展开始加快。人们需要交换各种物品，因此出现了货币，后来又出现了城镇。中国在西汉时与周边国家有频繁的贸易往来，丝绸之路就是在那时出现的。中国通过丝绸之路将丝绸、茶叶等商品出口到世界各国，最远甚至到达了罗马帝国。中国是世界上最早使用纸币的国家，修建了世界上第一条人工运河。这些都对古代中国经济的发展起到了非常重要的作用。

元朝时，威尼斯商人马可·波罗来到中国，他对看到的一切都感到非常惊讶，因为中国的许多发明都是西方国家没有的。马可·波罗在游记中描述了中国人的生活方式。比如，中国人会使用火药，将煤炭作为燃料，还把纸币当作货币。他说，中国的包子特别好吃。后来欧洲人也学着做包子，擀个皮，放点儿馅，不知道怎么包上，就推进火炉烤一烤，做出了比萨。在当时，无论是煤炭、火药、纸币，还是中国的烹饪方法，西方人都不了解。

在鸦片战争之后的 100 多年时间里，中国曾饱受磨难。战争不仅让中国损失了不计其数的劳动人口，也让中国在经济上遭受了巨大损失。

幸运的是，改革开放使中国重新焕发了活力，中国经济开始以惊人的速度增长。中国 GDP 在 1980—2010 年的 30 年间以平均 10% 的年增长率高速增长。中国是唯一一个能在这么长的时间里保持经济高速增长的国家。

中国在 40 余年里发生了翻天覆地的变化。20 世纪 90 年代初，中国还没有普及出租车，没有超市，更没有信用卡。过去我们使用现金买东西，现在我们用手机支付，连农民卖菜都使用二维码收款。在私家车保有量方面，统计显示，截至 2019 年底，国内私家车保有量达 2.07 亿辆，首次突破 2 亿辆大关。

中国进入高速和高铁时代后，广阔的农村修建了高速公路，普及了 4G（第四代移动通信技术）网络，而且中国即将迎来自主创新的 5G 时代。

据统计，我国现有的高铁总里程已突破 3.5 万公里，位居世界第一；普通铁路总里程为 10 万公里，位居世界第二；我国的高速公路总里程为 14 万公里，普通公路总里程为 485 万公里，均处于世界第一位。中国人平时可以在网上购物，用手机进行支付，随时随地使用共享单车，也能很方便地乘坐高铁。

2017 年，我再次去德国。阔别德国已有 20 多年，我惊讶地发现，中国和德国相比发生了巨大变化。拿高铁和网络举例，我这次在德国旅行全程乘坐高铁，德国高铁的时速是 200 多公里。但给我的感觉是，德国的高铁怎么这么慢！回国后，我乘坐高铁从北京到武汉，那辆列车的时速竟然接近 400 公里。在德国，我使用手机上网，酒店里提供的是 3G（第三代移动通信技术）网络，速度很慢。回国后，我去了一趟西藏。在空气稀薄的拉萨，手机都能轻松连上 4G 网络。走出国门，你会发现中国取得的巨大进步，中国正在变得越来越强大。

中国经济奇迹增长的原因

第一，城镇化。改革开放后，我国部分农村人口来到城镇，2.2 亿农民进城打工。从低效劳动转为高效劳动，大机器生产提高了效率。

第二，规模经济。把原来的小作坊生产变成大工厂生产，做大规模的同时也提高了效率。

第三，国企改革。20 世纪 90 年代，我国开始进行国企改革，抓大放小。2000 年，改革红利释放。原来国企要管的事太多，它不仅是一个公司，还要管工人的日常生活，这导致企业效率不高。后来企业专门搞生产，效率就提高了。例如，大的国企进行改革，把原来 3 个人的工作交给 1 个人；银行剥离呆坏账，提高了全要素生产率，使资源能够进行合理分配。国有企业原来在工业经济中的占比为 50%，现在为 20%。所以，20 世纪 90 年代的改革让国企重新焕发了生命力。

第四，我国加入了世界贸易组织（WTO）。我国入世后，出口货物量大大增加，对经济起到了巨大的拉动作用。

所有这些都是中国经济奇迹般增长的原因。有人会问，改革开放后的 30 年间，我国经济增速这么快，为什么现在经济开始降速了呢？

如何看待经济增速放缓？

有不少人问我，你对我国 GDP 增速降至 6% 怎么看？我想说，过去 30 年中，中国 GDP 达到平均 10% 的年增长率的确是一个奇迹。今后我国经济会面临一些挑战，但 GDP 增速降为 6% 是正常的。为什么这样说呢？

第一，经济总量的基数大。当一国人均收入处于较低水平时，经济增长快，资本积累也快。比如，从 100 元增加到 200 元的速度可以很快，但从 1 万元增加到 2 万元的速度就会变慢，因为基数大了。我国现在 GDP 增加 6% 比过去 GDP 增加 10% 创造的经济总量大得多。中国 GDP 增速虽然降低到了 6% 左右，但还是世界经济增速最快的国家之一，要知道，我国人均收入已接近 1 万美元。

第二，人口老龄化。目前看来，我国劳动人口总量在下降，但人力资本在提高。在城镇化进程中，教育使人口素质得到了普遍提高，越来越多的人掌握了技术，工作效率随之提高，这又促使劳动力效率提高。

第三，改革的红利已经用完。我国资源增长的速度没有过去那么快，需要继续深化改革。可以说，前 10 年已经把改革的红利用完了。现在可以适当放开垄断行业，让不赚钱的僵尸企业彻底消失，让有活力的中小企业借钱不再困难。因此，我们说，继续进行国企改革是未来的发展趋势。

第四，我国正在调整产业结构，导致经济增速放缓。我国第二产业在三大产业中所占的比重由大变小，而第三产业的比重由小变大。服务产业所占的比重增加，使我国的经济结构更加平衡，在从制造业向服务产业转型的过程中，调整结构必然导致经济增速放缓，因为服务产业的效率没有制造业高。但服务产业发展壮大是一件好事，它可以使经济周期的波动变得平缓，使我国经济保持高质量和可持续性增长。

其实，美国的 GDP 增速一直都维持在 2%~3% 的水平，有时甚至会降至 1.8%，所以数字不是问题。美国将人均 GDP 从 1 000 美元提高到 10 000 美元花了 36 年；我国人均 GDP 从 1 000 美元提高到 10 000 美元只花了 18 年，我国人均 GDP 提高的速度比美国快多了。

所以，我们对未来不需要过分悲观，就算我国经济增长速度保持在 6% 或 5%，这在世界大国中也是非常高的水平了。虽然我国经济增速放缓了，但我国的人均 GDP 水平却在提高。

从人类出现在地球上到现在，这个星球的资源并没有太大变化，人口数量却一直在增加。然而人类的生活却比原来过得更好了，这是因为生产效率提高了。

中国在古代曾是世界经济中心，但却在近代落后于许多国家。改革开放后，中国经济迅速发展，中国创造了举世瞩目的经济奇迹。

第 2 讲

经济增长率

宏观经济可以概括为“六大率”加“一个周期”。“六大率”包括经济增长率、通货膨胀率、失业率、利率、汇率、税率；“一个周期”是指经济周期。这一讲我们来谈谈一国的经济增长率。

什么是经济增长率？

有人可能会问，一个国家的财富是怎么计算的？我们的收入又是怎么增加的？第二次世界大战后，各国的经济核算体系都乱套了，根本无法计算各国都创造了多少财富，也无法比较哪个国家更穷，哪个国家更富。

在这种情况下，20 世纪 50 年代，人们提出了 GDP 的概念。

GDP 就是国内生产总值，它表示一个国家在一年内创造的财富总量。GDP 是国际通行的衡量标准。要想知道各国的经济实力如何，就要看国家的经济增长率，经济增长率的高低对一个国家来说很重要。

20 世纪初的美国人均消费水平和今天的墨西哥、菲律宾的人均消费水平差不多。但经过 100 多年的发展，美国已成为世界第一大国。它是如何做到的呢？这是因为美国经济保持了很高的增长率，美国人民逐渐富裕了起来。

100 多年前的瑞士很穷，整个国家除了山就是湖，没有足够的土地可以种粮食，工业也不发达，一些瑞士人靠去意大利扛枪站岗勉强维持生活。后来，瑞士靠制作手表、发展银行、创办企业、生产咖啡等，逐渐成了发达国家。2018 年，瑞士人均 GDP 为 9 万多美元，比美国人均 GDP 还多出 3 万美元。

100 多年前的日本，国土面积狭小、人口众多、资源匮乏、经济落后。但在 20 世纪中后期，日本出现了很多大公司和大企业。20 世纪 50 至 70 年代，日本 GDP 以每年近 10% 的速度增长，成为世界第二大经济体，人民也跟着富裕了起来。

中国经济是怎样增长的？

1949 年建立中华人民共和国后，国内经济发展相对缓慢，人民生活水平不高。改革开放后，开始进行经济体制改革，这激发了人们创造财富的热情。经过 30 多年的奋斗，在 2010 年，中国的 GDP 总量超过了日本，成为世界第二大经济体。从勉强温饱到过上小康生活，从骑自行车到开私家车，从坐绿皮火车到坐高铁，从住平房到住楼房，中国人的生活发生了翻天覆地的变化。这些变化靠的是什么？靠的是我国经济增长带来的财富。

理论上说，拉动一个国家经济增长有三驾马车：一是消费，二是投资，三是出口。因为这三驾马车都跑了起来，中国的GDP在30年间才能保持10%的平均增速，才使中国的综合国力不断增强。

我国经济这30年究竟是怎样增长的呢？可以概括为以下几点：

第一，高储蓄率带动了高投资率，中国的储蓄率在世界上排名第一，这使我国的有形资本增加了，比如，高铁、房地产、固定资产投资等。

第二，大量的农业剩余人口逐渐向工业和服务产业转移，劳动力资源充足。

第三，中国作为世界第一人口大国，国内市场规模大，市场需求旺盛，大量商品都能及时在国内消化。

第四，改革开放使我国的工业化进程加快。国外的技术公司和制造业向我国转移，这些技术公司和制造业在国内又从发达地区向不发达地区转移，由此带动各地经济增长。

第五，经济体制改革。改革开放后，我国开始从计划经济体制向社会主义市场经济体制转变。计划经济体制下，人们干活儿没有积极性，干多干少都一样。市场经济体制下，每个人的付出都和自己的收入成正比，这就激发了人们创造财富的积极性。

经济增长的比较分析

中俄经济增长的比较

苏联在二战后成为仅次于美国的经济大国。美苏冷战时，世界上只有两个超级大国：美国、苏联。1989 年，苏联开始进行改革，打算从计划经济体制转变为市场经济体制。苏联试图采取一步到位的做法，没想到，这场改革却导致苏联解体。苏联解体成了 15 个国家，最大的那个国家改名为俄罗斯。从 1991 年到 1997 年，俄罗斯的 GDP 增长率一直都是负值，国家经济连续负增长 10 年。在这期间还出现了恶性通货膨胀现象，俄罗斯的人均 GDP 直到 2007 年才恢复到 1989 年的水平，这对俄罗斯人来说是巨大的灾难，俄罗斯国民的生活出现了大倒退。

2018 年，俄罗斯的 GDP 排名世界第 11 位，经济总量约为 1.647 万亿美元。美国的经济总量比俄罗斯多 13 倍，中国的经济总量比俄罗斯多 8 倍。

中国的经济改革采取的是摸着石头过河的办法，走一步看一步。从计划经济体制向市场经济体制过渡，我国采取的是双轨制的办法。改革没有让人们的利益受损，中国经济稳步增长，成了世界第二大经济体，而俄罗斯却失去了经济强国的头衔。因此，一国的经济保持增长是极为重要的。可以说，俄罗斯之所以失去强国的头衔，就是经济增长率放缓导致的。

中美经济增长的比较

2010年是很重要的一年，中国的GDP首次超过日本，成为世界第二大经济体。让我们看一下世界银行的数据。2010年，美国的GDP总量是14.58万亿美元，人均GDP是4.7万美元；中国的GDP总量是5.88万亿美元，人均GDP是4 300多美元，美国的人均GDP是中国的10倍多。再看看2018年世界银行的数据。这一年，美国的GDP总量是20.49万亿美元，人均GDP是6.26万美元；中国的GDP总量是13.6万亿美元，人均GDP是9 800美元。美国的人均GDP是中国的6倍多。

也许有人会问，为什么中国经济发展了这么长时间仍落后于美国呢？因为中国经济在增长的同时，美国经济也在增长。

还有人在问，中国的GDP增长率从9%降到6%，这正常吗？应该说很正常。因为从世界范围来看，每一个高速发展的经济体，最后都会放慢脚步。美国、日本、德国在历史上都曾有过经济高速增长的时期，后来，它们的经济增长速度都放慢了，因为国家的GDP基数变大了。

当今世界，GDP总量排在前三名的国家和地区分别是美国、中国和日本。人均GDP排在世界前三名的国家和地区却发生了变化，第一名是卡塔尔，第二名是中国澳门，第三名是新加坡。

所以，我们说看一个国家是否是强国，主要是看它的综合经济实力，看这个国家的GDP水平。

GDP 增长率的意义

了解了 GDP 这个概念后，你就能知道强国和弱国是根据什么划分的，穷人和富人又是根据什么划分的。

GDP 多增长一个百分点，就业机会就多一点儿，百姓的腰包就会鼓一点儿。我们可能会多拥有一个公园、一条宽敞的马路、一盏路灯、一个垃圾箱等。

只要一个国家的经济在增长，从宏观的角度看，这对每一个人来说就都是机会。国力的增强对我们每一个人来说都是好事。作为个人来说，你想到哪个城市打工，就要看这个城市的人均 GDP，看你能不能多赚钱。如果你想出国工作，想知道在那个国家能不能赚到钱，看那个国家的 GDP 增长率就知道了。如果你想去国外投资，更要看那个国家的 GDP 增长率。过去中国人愿意到美国和欧洲去投资。现在却愿意去越南和菲律宾，因为那些地方的 GDP 增长率高，能让投资者赚到钱。

增长与发展的关系

一个国家的经济增速并不是越快越好，还要考虑经济发展对环境造成的影响，比如干净的水、新鲜的空气、良好的教育和优质的医疗条件等。如果一个国家的经济增长是以牺牲环境为代价的，这就错了。

目前，中国的 GDP 增长率已经位于世界前列。但我们更需要发展空间。例如，城市的环境变好对市民来说无疑有巨大的好处。在城市中多修建一些公共设施，可以改善人们的生活环境。也许这不会对国家的 GDP 增长有帮助，但人们的生活环境却得到了改善，我国需要计算绿色 GDP。

未来拉动我国经济增长的将不仅是固定资产投资和房地产投资，还有公共基础设施投资。政府要多修建一些公共设施，通过扩大内需来拉动经济增长，这是未来我国经济增长的方向。获得发展比经济增长更重要。我们真正的目的不是创造 GDP 新高，而是让中国人的生活越过越好。

我国已经是世界第二大经济体，但人均 GDP 还低于世界平均水平，我们还需继续努力。

无论你选择到哪里工作，或者去哪里投资，你都要关注那个国家、地区、城市的 GDP 增长率。我国 GDP 增长率下降遵循了经济发展的客观规律，我们要重视经济的均衡发展。

第 3 讲

通货膨胀率

2019 年下半年以来，我国的猪肉价格猛涨。有人问，猪肉价格上涨会不会带动食品价格上涨？会导致我国发生通货膨胀吗？这一讲我们就来谈谈通货膨胀率。

什么是通货膨胀率？

通货膨胀不是指一种商品价格上涨，而是大多数商品的价格普遍而持续上涨。通货膨胀是一种货币现象，它表现为东西变贵了，人们手里的钱不值钱了。

世界各国都是用什么来表现通货膨胀率的呢？答案就是 CPI（消费者物价指数）。CPI 是这样测算的：今年的 100 元还能够买到与去年同样多的商品吗？如果能买到，就说明没有发生通货膨胀，如果买不到这么多商品了，就说明发生了通货膨胀。通货膨胀率的高低看什么呢？看 CPI 的高低。

通货膨胀率 =CPI–100%。如果算出一个国家 CPI 是 103%，那么减去 100%，剩下的 3% 就是该国的通货膨胀率。

CPI 是怎样计算出来的呢？首先，将日常生活分为吃、穿、用、住、行等八个大类，然后算出这八个大类的权重各占多少，权重一共是 100。权重代表了这种商品对消费者的相对重要性。之后选出每一种大类的代表商品，并给出不同的权重。

中国国家统计局选出了 300 多种代表商品，并把这些代表商品每个月、每个季度、每一年的价格折算成 CPI 数据，定期向社会公布，这就是我国官方公布的 CPI 数据。

如果今年的 100 元只能买到去年花 95 元就能买到的东西，就代表 CPI 上升了 5%，今年的 100 元就只值去年的 95 元。当 CPI 上升时，货币开始贬值。

为什么这么说呢？因为今年的钱不如去年值钱了。假如去年的猪肉是 10 元一斤，今年涨到 20 元一斤；去年的白菜是 1 元一斤，今年涨到 2 元一斤；去年的大葱是 1 元一斤，今年涨到 2 元一斤。你支出的钱越来越多，就说明通货膨胀发生了。

有人会问，今年猪肉的价格涨了这么多，这不就说明通货膨胀发生了吗？这个说法并不准确，我们还要看 CPI。测算 CPI 时会涉及 300 多种商品，不是只有猪肉一种。比如，食品中还包括牛肉、羊肉、水产品、鸡蛋、蔬菜、水果、粮食等，要看它们的价格是不是也上涨了。还要看吃这一项在居民消费支出中所占的比重是多少。

恩格尔系数

恩格尔是 19 世纪德国的一位统计学家，他通过研究统计资料，发现消费结构的变化存在一种规律。他认为，一个家庭的收入越少，购买食品的支出占家庭所有支出的比重就越大。如果一个家庭的收入增加，购买食品的支出占家庭所有支出的比重就会下降。因此，购买食品的支出占家庭总支出的比重就被称为恩格尔系数。

因此，一个国家越穷，国民收入中用来购买食品的那部分支出所占比重就越大，随着国家变得越来越富裕，这个比重会呈现下降的趋势。

当收入水平较低时，吃在人们的全部消费支出中所占的比重很大，但随着收入增加，吃的需求得到满足后，人们的消费重心开始向穿和用等方面转移。恩格尔系数越大，说明一个家庭的生活越贫困，恩格尔系数越小，说明一个家庭的生活越富裕。

联合国根据恩格尔系数的大小，对世界各国人民的生活水平做了评估。一个国家中，家庭的平均恩格尔系数大于 60% 为贫穷，50%~60% 为温饱，40%~50% 为小康，30%~40% 为相对富裕，20%~30% 为富裕，20% 以下为极其富裕。

让我们来看看中国的情况。1978 年，中国的恩格尔系数平均值为 60%，属于贫穷国家的水平，那时人们将收入的绝大部分都花在了吃上；2003 年，中国的恩格尔系数平均值为 40%，属于小康国家的水平；2018 年，中国的恩格尔系数平均值为 20%，已经进入富裕国家的行列。也就是说，吃仅占人们消费总支出的 20%，我们把绝大多数钱花在了别的地方。这样一来，虽然猪肉价格上涨了，但它对我们的生活影响不大。因为我们国家国民的基本生活已经达到富裕的水平了。

再说回通货膨胀。看食品价格指数，主要是看粮价涨了没有；看生产价格指数，主要是看石油价格涨了没有。只有粮食和石油这些基础商品的价格涨了，其他商品的价格才可能随之上涨。

虽然这次猪肉价格上涨了，人们却并没有抢购猪肉。过去，比如 1989 年的那次通货膨胀，什么商品都被抢购一空，有人甚至连食用盐都抢购。因为那年发生了严重的通货膨胀，市场上商品短缺，货币贬值。当时我国的通货膨胀率达到了 23.7%。

通货膨胀对我们生活的影响

当通货膨胀发生时，究竟是谁在为通货膨胀买单？

首先，借钱给别人的人，就是存款人。储户把钱存进银行，银行又把钱借了出去。借钱的人拿着这些钱去消费和投资。等你把存款取出来时，获得的利息却不足以抵销物价上涨造成的损失。

其次，领养老金的人。退休人员只能领取固定的养老金，为了过好退休生活，他们一辈子都在储蓄。但通货膨胀不但会使他们的养老金缩水，他们的存款也会贬值。因此，在通货膨胀时期，受打击最严重的是退休人员。

最后，持有大量现金的人。通货膨胀将使那些持有大量现金的人付出沉重的代价。他们手里的钱会因通货膨胀而贬值。俄罗斯在 20 世纪 90 年代曾发生过恶性通货膨胀，许多普通百姓一生的积蓄短时间内化为乌有。在中国，也有许多老人把一生的积蓄都存到银行，当通货膨胀来临时他们很无助，可他们并不知道发生了什么。

概括来说，钱少的人可以买一点儿保险类的金融产品。钱多的人则要学会投资、理财，避免通货膨胀把你的财富悄悄卷走。无论是理财还是投资，都要学会看一国的通货膨胀率。

通货膨胀与通货紧缩

什么叫通货紧缩？美国诺贝尔经济学奖得主保罗·萨缪尔森给出了如下定义：价格和成本正在普遍下降就是通货紧缩。通货紧缩时钱很值钱，而商品不值钱。

通货紧缩和通货膨胀是一对正好相反的概念。

经济学家普遍认为，如果 CPI 连跌两季，就表示该国已出现通货紧缩。通货紧缩就是物价、工资、利率、粮食、能源等价格持续下跌，所有东西都供过于求。

现在，有许多经济学家都在担忧，如果当前疲软的经济不能很快复苏，美国的经济出现通货紧缩的可能性就会大大增加。

经济学家纷纷发出警告，让人们小心通货紧缩。

有人可能会问，通货紧缩有什么可怕的？想想看，如果你知道明天某个东西会卖得更便宜，今天你还会买吗？如果大家都不买，这意味着什么呢？没有人消费也就没有人投资，经济就会停摆。

我国也曾发生过通货紧缩的现象。20 世纪 90 年代末，我国的商品很多，人们却很少花钱，商品不值钱，钱却很值钱。

想象一下，如果明天的一元钱能买到比今天的一元钱还多的东西，今天你还会花钱吗？当然不会。请问，如果明天房价将下跌，你今天会买房吗？答案肯定是不会！如果明天出售的原材料价格更低，你今天会进货吗？当然也不会。如果大家既不消费也不投资，那经济会怎么样呢？还有人投资、生产吗？你去哪里打工，谁又能给你发工资呢？

20 世纪 90 年代，日本也发生过通货紧缩的现象。当时的日本人不愿意消费，也不愿意投资，日本经济处于衰退状态。直到日本首相安倍晋三上台后说，我的经济学就是给国民一个通货膨胀的预期，让国民知道，如果你不花钱，日本每年都有一定的通货膨胀率，你手中的钱会缩水。因此，日本政府采取了宽松的货币政策，刺激国民花钱。没想到，国民就是不花钱，还把钱都存了起来。这导致日本的 CPI 多年来一直处于负值。日本经济低迷的情况持续了 20 多年。

所以，通货膨胀固然会产生一些问题，但通货紧缩产生的问题则更多。通货紧缩对经济与民生的伤害比通货膨胀更严重。

第4讲

利率

在现代社会，每个人都有和银行打交道的时候。在银行存钱有存款利率，贷款有贷款利率，而存贷之间的差价就是银行利润，银行就是靠它来生存的。这一讲我们来谈谈利率。

什么是利率？

利率就是资金的价格。如银行存款利率是2%，100元的存款一年有2元的存款利息，100万元的存款一年就有2万元的存款利息。如果贷款利率是5%，100元的贷款意味着一年要给银行5元的贷款利息，而100万元的贷款一年就要给银行5万元的贷款利息。简单来说，银行在拿到5万元的贷款利息后，扣除给储户的2万元利息，剩下的3万元就是银行的利润，也就是银行赚的钱。

人们在买房时需要找银行贷款，这种贷款就叫作按揭，按揭利率高于一般的贷款利率，因为按揭的期限长。假如按揭利率是6%，贷款者每个月都要按照这个按揭利率来还本付息。

这里有两个概念：名义利率和实际利率。名义利率，指的是银行的利率，这是储户表面上获得的收益。实际利率，指的是剔除了通货膨胀率后的收益，这是储户真实获得的收益。

二者之差就是一国的通货膨胀率。假如银行一年期利率是3.25%，这是名义利率，国家的通货膨胀率如果是3%，那么实际利率为二者之差，即0.25%。这个0.25%才是储户真实获得的收益。

所以，无论是储蓄还是投资，我们都要了解名义利率和实际利率的区别，千万别忘了考虑一国的通货膨胀率。

央行具有对利率的控制权

对于一个国家来说，由谁决定利率的高低？为什么央行不能直接决定市场利率，它只能制定贴现率呢？

因为资金是一种资源，它的价格是由市场对资金的供求来决定的。如果由央行来决定市场利率的高低，那么各个银行的利率都一样，银行就没有积极性，干好干坏一个样，银行就不会努力吸收存款、放出贷款。只有利率由市场决定，每家银行的员工才会努力工作，效益才会提高。

所以央行只负责制定贴现率。什么叫贴现率？商业银行找央行借钱，央行给出一个利率，这个利率就叫贴现率。如果央行给出的贴现率高，商业银行就要提高贷款利率。为什么呢？因为商业银行是高价贷进、高价贷出，低价贷进、低价贷出，这符合市场经济的规律。央行的贴现率在中国叫作再贷款利率，在美国叫作联邦基准利率。

有人问，商业银行可以不看贴现率，由它自己决定利率的高低吗？不可以！比如，有家商业银行看到央行将贴现率提高到 5%，但它不提高自家银行的贷款利率，还按照 4% 的利率贷款，需要用钱的企业和个人自然都来它这里贷款，它的客户就多。

但如果各家银行都把贷款利率提高到 5%，把存款利率提高到 3%，这家银行不提高存款利率，就没有人来存钱了。如果它把存款利率也提高到 3%，贷款利率保持在 4% 的话，它只有 1% 的利润空间，那么这家银行就无法生存了。

所以，市场利率是由商业银行自己确定的，但央行的贴现率一旦公布，所有商业银行都必须参照执行，谁都不可以违反。因此我们说，对一个国家利率有控制权的是中央银行。我国现在的存款利率和贷款利率都实现了市场化，央行就是通过调整再贷款利率来调控经济的。

利率对经济的影响

作为在银行有存款的人，大家都希望银行的存款利率越高越好。如果你把 10 000 元存到银行，年底时能得到 1 000 元的利息，那么谁不想存钱？ 1995 年时，我国的存款利率达 10% 以上。

但作为贷款人，我们都希望银行的贷款利率越低越好。买房的人希望房贷的利率低一点，这样可以减轻自己的还贷压力。企业也希望银行的贷款利率越低越好。假如存款利率是10%，那么贷款利率不能低于13%，否则银行就无法生存。但如果贷款利率是13%，那企业的利润率必须达到15%，否则投资者都是在给银行打工。

银行利率提高有利于储户，不利于投资者，也不利于经济发展。因此，一个国家的利润率一定要高于利率；而利率一定要高于通货膨胀率。通货膨胀率高于利率就没人存钱了，因为存钱就等于赔钱。利率高于利润率就没人投资了，因为投资不赚钱。这样一来，经济就不能正常运行了。

利率升高或降低还会引起资金的流动。如果本国的利率低，资金就会流向国外。反之，如果一个国家提高利率，那么资金就会流入国内，因为储户都想把钱存在存款利率高的地方。

但你也会发现，有时银行的贷款利率非常高，却还有人贷款。因为项目的投资回报率更高，他还上银行的贷款后还能赚钱，这是经济热的表现。反之，利率很低时人们却不去贷款，因为虽然贷款的利率低了，但投资回报率更低，这是经济冷的表现。

大家看，央行提高利率就表示经济政策要收紧，央行降低利率就表示经济政策要放松。所以，无论是存款还是贷款，消费还是投资，你都需要了解利率的状况，评估一下贷款投资能不能赚钱？如果不了解利率的状况，投资的项目再好也可能赚不到钱。

加息周期和降息周期

什么叫加息周期？如果一个国家的央行不停地加息，我们就说该国进入了加息周期。加息周期一般都处于经济上升期。因为担心通货膨胀发生，所以央行开始加息，这是央行在向市场释放经济降温的信号。

什么是降息周期？当一个国家的经济下行，失业率增加，人们不愿意消费，企业也不愿意投资，经济处于萧条状态时，央行就开始降息，该国就进入了降息周期。这是央行在向市场释放刺激经济的信号。

2017 年，美国总统特朗普上台后，就开启了美元的加息周期。这预示着美元开始走强。加息周期是一个国家经济走强的象征，而降息周期则预示着一个国家经济开始走下坡路。

如果美国央行加息，世界各国央行都会跟着加息吗？你可能会回答：不会。如果各国央行不跟着加息，那人们就会把欧元、英镑、港币等兑换成美元，存在美国的银行里享受高息。那怎么办？所以各国央行也必须跟着加息。美联储主席为什么有这么大的影响力？就是因为他手握美元利率的杠杆，如果美元加息，全世界都要跟着行动。

世界各国的经济发展水平不同。如果本国经济低迷，那么再加息的话，企业负担会加重，居民还款压力会变大，不加息的话，资金会流走，这该怎么办呢？这个问题这些年来就一直困扰着中国香港。

正当我国为这一轮的美国央行加息周期担心时，国际经济形势却峰回路转，欧洲进入降息周期。这对中国来说是一件好事，至少减轻了人民币利率的压力。

负利率时代来了吗？

什么是负利率？找银行借钱的利率是负的，存款要交保管费，这就是负利率。

2019 年 9 月，欧洲开始进入降息周期，19 个国家一同进入了负利率时代，这可不是一件小事。

有两个发生在欧洲的真实故事：一位女士想从银行借钱，银行告诉她，你拿到的贷款利率是负的，不但不要利息，银行还要付你利息，她感到很惊讶。另一位女士到银行存款时接到的通知是，银行会从她的储蓄账户中扣除一定的保管费。如果不愿意，她可以将存款转走。大家看，存钱没有利率，从银行借钱银行还倒给钱，这听起来多么不可思议！

试想一下，如果一个国家的银行贷款利率是负的，存款没有利率，还要给银行交保管费，那银行在哪里赚钱呢？欧洲央行的这种做法，让人担心 10 年后的欧洲银行都会破产。

那么，欧洲央行为什么要实行负利率的政策呢？只能说欧洲经济太冷了，政府在给经济点火。银行降息了，企业贷款的负担就轻了，以负利率借钱再进行投资就很划算。

我在课堂上常问："如果能以零利率借钱，你们借吗？"大家通常会异口同声地回答："当然借了。"我又问："如果借出的钱投到哪里都不赚钱，你们还借吗？"大家不再说话了。一个国家或地区之所以出现零利率或负利率的现象，说明那个国家的经济太冷了，政府担心长期这样下去经济会出问题，才会出此下策。

我们要警惕负利率的状况。试想一下，如果负利率达到某种程度，你还会存钱吗？这时人们只要囤积现金就能赚钱。

第5讲

汇率

随着国民收入的提高，人们变得越来越富裕，出国读书、旅游、投资的人也变多了。汇率对大家来说不再陌生，因此，我们需要了解一些汇率知识，因为它和你的生活息息相关。汇率是什么？怎么看待一个国家货币升值和贬值的现象？哪种货币可以保值？这一讲我们来谈谈汇率。

什么是汇率？

汇率是指两种货币交换的比率。两国或地区的人要去对方的国家或地区旅游、做生意、投资，两种货币就需要以一定的比例交换，这个比例就叫作汇率。汇率说的不是商品交换的价格，而是货币交换的价格。

汇率有两种标价方法，一种是直接标价法，另一种是间接标价法。

直接标价法是指以本国货币表示一单位外国货币的价格。例如，美元与人民币的汇率为1∶7，就是1美元可以兑换7元人民币。直接标价法是除美国、英国、澳大利亚以外，世界各国通用的标价法。我国使用的就是直接标价法。

间接标价法是指以外国货币表示一单位本国货币的价格。只有美国、英国、澳大利亚这三个国家采用间接标价法。

汇率分为买入汇率和卖出汇率。这两者的中间价，就是两国货币的实际汇率。

外汇市场是各国货币进行交换的市场。有人卖出美元，有人买进欧元，各国货币都拿到这里来交换。外汇市场的规模非常庞大，它是一个 24 小时不打烊的市场。

货币升值和货币贬值

每人都希望本国的货币值钱，这样到了别的国家，将本国的货币换成别国贬值的货币，就能买到更多东西。为什么前两年人们愿意到土耳其去旅游呢？就是因为人民币值钱，土耳其的里拉不值钱。花同样的钱，能在土耳其买到更多商品。

因此，无论是留学、旅游、购物、买房或投资，你都希望自己持有的货币是硬通货。这时，就需要了解货币升值和货币贬值。

1994 年，美元和人民币的汇率是 1∶8.27；2015 年，汇率变成了 1∶6.11；就是说，1994 年，8.27 元人民币可以兑换 1 美元；到了 2015 年，6.11 元人民币就可以兑换 1 美元了。这意味着人民币升值，而美元贬值了。

美元和人民币的汇率在2015年时是1∶6.11，到2019年时变成了1∶7，这意味着人民币贬值，美元升值了。

比如，原来美元和日元的汇率是1∶80，现在变成1∶100，这意味着美元升值，日元贬值了。再比如，欧元刚诞生时曾比美元价格更高，后来美元升值，欧元贬值了。现在1欧元可以兑换1.1美元，这说明欧元升值，而美元贬值了。

我们怎么看一种货币升值与否呢？从两方面看，短期看，一国货币的购买力如何，也叫购买力平价理论，哪种货币购买力强，买的东西多，这种货币就是硬通货，它该升值；从长期看什么呢？看一国经济增长速度如何，比哪国的增长速度快，哪国货币就会升值。

任何一种货币的汇率都不是一成不变的，它会随着一个国家经济的发展而变化。汇率变化是由一个国家经济增长率的高低决定的。一个国家经济增长率越高，本币就越值钱，反之，本币就会贬值。

从资本的流动来看，一国货币升值会吸引外国资本流入，有利于维持本国资产的价格。比如，人民币升值会助推我国股票和房地产价格升高。但如果人民币贬值，我国股票和房地产的价格就可能下降。

货币升值表示一个国家经济向好，该国货币坚挺。货币贬值表示一个国家经济不好，该国货币不值钱。我1991年去德国留学时曾路过俄罗斯，我拿着美元去换卢布，非常划算。当时由于卢布贬值，我用很少的钱买到了很多东西。

到德国后，当时马克和人民币的汇率为 1∶2.9。由于德国经济增速很快，马克不断升值，到我要回国时，马克和人民币的汇率变成了 1∶5，我手里的马克升值了。

我们再来看看货币贬值的结果。2001 年，当时英镑和人民币的汇率是 1∶10。后来英镑升值了，汇率变成了 1∶15，就是说 15 元人民币才能兑换 1 英镑，在英国的中国留学生一下子就需要多支出 1/3 的学费。那些年，如果你曾到英国旅游，会感到英国的东西都很贵，自己就像个穷人一样。英镑如此昂贵，导致英国的经济发展放缓，因为人们不敢去英国投资和消费。

那么，一个国家的货币究竟是升值好还是贬值好呢？一个国家的货币升值有利于进口，也有利于人们出国旅游、消费和投资。但一个国家的货币贬值，却有利于出口和本国经济发展。

我国的一篮子货币制度

在很长一段时间内，世界各国实行的都是固定汇率制，就是货币比价基本保持不变。1971 年，固定汇率制终结，美国和其他国家都采用了浮动汇率制。

我国的汇率制度现在改为一篮子货币制度。从 2005 年 7 月 21 日起，我国开始实行一篮子货币制度，对汇率进行调节。这是有管理辅助的浮动汇率制度。

这个篮子里一共有 24 种货币。包括美元、欧元、日元、港币、英镑、澳元、新西兰元、新加坡元、瑞士法郎、加元、马来西亚林吉特、俄罗斯卢布、泰铢、南非兰特、韩元、阿联酋迪拉姆、沙特里亚尔、匈牙利福林、波兰兹罗提、丹麦克朗、瑞典克朗、挪威克朗、土耳其里拉、墨西哥比索。它包括的范围非常广泛。人民币汇率不再只钉住单一的美元，我国形成了更具弹性的人民币汇率制度。

美元汇率的波动不会再直接影响人民币汇率的波动。因为与我国有贸易往来的国家不仅局限于美国，所以我国采取了一篮子货币制度，但每一种货币的权重是不同的。

未来随着我国金融市场的开放，预计人民币汇率波动的幅度也会逐渐加大。

无论是出国读书、旅游、购物、投资还是做生意，都需要了解一定的汇率知识。随着经济的不断发展，中国必将从经济大国变成经济强国。未来人民币一定会成为国际货币。当我国的外汇管制放开，人民币可以自由兑换后，你会选择哪种货币进行资产保值呢？如果你想在汇市赚钱，就更需要掌握汇率知识。

第6讲

税率

税率和每个人息息相关。公民交税给政府，政府用税收来维持国家秩序。税率高了，政府就有钱，但纳税人的日子难过；税率低了，纳税人的日子好过，但政府却难以为继。那么究竟该缴多少税呢？这就是税率问题。这一讲我们来谈谈税率。

税率的基本概念

我们为什么要交税呢？每个国家的政府都需要雇用公务员、军人、警察，并成立各种机关来管理国家，政府还需要提供公共物品给民众。因此政府需要征税，但应该怎么征税呢？政府要制定税率标准，人们按照统一的税率来交税。

什么是税率？简单地说，税率是指交税的尺度。每个人该交多少税？每个企业该交多少税？这些都是由国家规定的。

税率是税收制度的核心，它是政府调控经济的手段。经济冷时，政府实施降税的政策，刺激消费和投资；经济热时，政府会实施加税的政策，抑制消费和投资。

税收是怎么分类的呢?

第一，按征税对象分为流转税、所得税、资源税、财产税和行为税。

流转税，是指对生产经营活动征收的税。增值税就是流转税的一种，这是我国的一个大税种。

所得税，是指对企业和个人征的税。

资源税，是指对使用土地、矿藏、能源征的税。

财产税，是指对房地产征的税。

行为税，是指对生产、分配、交换、消费中的特定行为征的税，比如印花税。

第二，按税收负担能否转嫁分类，分为直接税和间接税。

直接税是指个人所得税，间接税是指消费税和营业税。比如我国对烟、酒征收的就是间接税，由商家先交税，税包含在消费者购买的商品价格中。

第三，按税率划分，分为定额税率、比例税率、累进税率。

第四，按管理权限划分，分为中央税、地方税、共享税。

我国个人所得税和增值税的调整

2019 年 1 月 1 日起，我国新的个人所得税法全面实施，改革的力度很大。个人所得税采用的是超额累进税制，收入越多的人缴税越多。个人所得税的起征点是 5 000 元，收入在 5 000 元以下的人不缴税。每人每年的免税额是 60 000 元。

新个人所得税是 7 级超额累进税率。税率是这样规定的：应纳税所得额不超过 3 000 元，按 3% 的税率纳税；超过 3 000~12 000 元的部分，按 10% 的税率纳税；超过 12 000~25 000 元的部分，按 20% 的税率纳税；超过 25 000~35 000 元的部分，按 25% 的税率纳税；超过 35 000~55 000 元的部分，按 30% 的税率纳税；超过 55 000~80 000 元的部分，按 35% 的税率纳税；超过 80 000 元的部分，按 45% 的税率纳税。这 7 个等级是按照居民收入，以累进算法计算的。

新个人所得税调整究竟带来了哪些变化?

首先，增加了基本的减除费用标准。个人所得税起征点由每月 3 500 元调整至 5 000 元；拉大税率的每一级距离，使更多的中低收入人群适用更低的税率；增加了教育、医疗、住房、养老等相关的专项附加扣除，减免部分税收。

如果你有老人要赡养，还要抚养孩子，缴纳住房贷款和房租，在教育和医疗方面的支出也符合个人所得税法的相关规定，那么你就有了专项扣除数额，可以在应缴纳的税收中扣除这部分费用。但专项附加扣除在我国是第一次出现，每个纳税人的个人和家庭情况都不一样。因此，落实好专项附加扣除，将成为下一步个人所得税改革的核心。

这次新个人所得税改革惠及更多中低收入人群，凡是月薪在 5 000 元以下的人都不需要缴税。全国有 6 000 多万人不再缴纳个人所得税。而工资收入在 20 000 元以下的纳税人的减税幅度超过了 50%，占税改前纳税人总数的 96%。也是说，新个人所得税改革给96%的纳税人都减了税。政府将征收的高收入人群的税收补贴给贫困人口，这是在利用税收杠杆来进行收入再分配。

再看我国增值税的改革。从2019年4月1日起，我国的新增值税政策正式实施。增值税是我国第一大税种，这轮增值税改革主要包括降低增值税的税率水平，把制造业现行16%的税率降到13%，把交通运输业现行10%的税率降到9%，同时保持6%这档税率不变，确保所有行业的税负只减不增。我国2019年的减税降费总额超过2万亿元。

由于增值税具有环环抵扣、层层传导的特点，最终的红利将在消费环节体现，企业和消费者都是减税政策的受益者。比如，汽车、手机、汽油和柴油价格下调后，增值税税率下降了3%，买车、买手机或给汽车加油都会更便宜。

降税对经济的影响

政府刺激经济的手段就是降税。当经济较冷时，企业效益不好，缴税后的企业负担重，职工收入减少。如果这时政府采取降税的措施，企业有钱可赚，就会扩大投资生产并带动就业。个人所得税降低后，人们的收入多了，消费就会增加，经济就会活跃起来。

所以，降低个人所得税会促进消费，降低企业增值税会使企业的利润增加，把多余的钱用于投资，可以拉动经济。所以，降税对经济增长是有益的。

一个国家的政府实施降税政策就说明，政府在刺激人们消费和企业投资，会对一个国家经济有拉动作用，使经济从冷的状态中走出来。所以，税率是政府调控经济的一个杠杆。这也是美国每一任总统上台后都要给国民减税的原因。

从拉弗曲线看税率和税基的关系

什么是拉弗曲线？拉弗曲线是描述政府税收和税率之间关系的曲线。当税率在一定的限度内时，税率的提高不会引起税基变动，税收收入就会增加。但当税率提高的程度超过了一定限度，就会影响人们工作、储蓄、投资的积极性，或者使逃税、偷税的行为增多，导致税基减少，从而造成税收收入减少。

拉弗曲线表明，高税率并不一定能带来高效率和高税收收入。适度的低税率从长远来看，可以促进经济增长并扩大税基，反而有利于政府增加税收。因此，降税可以扩大税基。投资兴办企业的人多了，交税的人也就多了。

20 世纪 80 年代以来，拉弗曲线对西方国家的税制改革产生了很大影响。从里根的减税计划到特朗普的减税计划，美国人依据的都是拉弗曲线理论。他们希望通过降低税率来拉动美国经济。

特朗普政府上台后提出了 1.5 万亿美元的减税方案，这是美国自里根时代以来最大规模的一次税收改革。这轮减税效果究竟如何？2018 年第二季度，美国 GDP 增长率达到 4.2%，创 2014 年以来的最高纪录。但减税后劲不足，到 2018 年第四季度，美国 GDP 增长率下降至 2.6%。这是由降税的边际效用递减所导致。

拉弗曲线说明，把税率降下来就可以扩大税基，投资的人多了，缴税的人数扩大了，政府税收就会增加。

税率和我们每个人息息相关。大家要关注我国税率的调整，因为它关乎你的收益。这次税率调整让我国 96% 的普通百姓都受益。但高净值人群更需注意，现代社会信息透明，请及时缴税，保持良好的信誉。

但你想过降税的后果吗？政府税收减少，财政支出增多，导致财政赤字扩大，债务增多，这会加重未来还债的负担。

美国国债规模在 2008 年时为 10 万亿美元，2018 年时则达到 22 万亿美元。10 年期间，美国国债规模翻了一倍还多。可以说，美国的经济增长是以政府借债为前提的，要警惕美国政府的国债风险。

第 7 讲

经济周期

一个国家的经济为什么时冷时热，时而处于上升周期，时而处于下降周期？我国经济现在是处于上升周期还是下降周期？如果处于下降周期，我们该怎么办？认清经济周期很重要。这一讲我们来谈谈经济周期。

什么是经济周期

经济周期是指经济运行中，经济扩张和经济收缩周期性地进行交替更迭的一种现象。它是指国民总产出、总收入和总就业的波动。

每一个经济周期都可分为上升和下降两个阶段。上升阶段也叫繁荣阶段，它的最高点是顶峰。顶峰也是经济由盛转衰的转折点，此后经济就进入下降阶段，也叫衰退阶段。衰退严重时，经济就进入了萧条期，衰退的最低点叫谷底。当然，谷底也是经济由衰转盛的一个转折点，此后经济就进入上升阶段。

经济从一个顶峰到另一个顶峰，或从一个谷底到另一个谷底，就是一次完整的经济周期。现代经济学关于经济周期的定义，建立在经济增长率变化的基础上，它指的是经济增长率上升和下降的交替过程。我们把经济的这种从峰到峰或从谷到谷的过程称为一个经济周期。经济周期波动持续的时间通常为2~10年。

我国经济的周期波动

我国经济在改革开放的40多年中，也经历了周期性波动。从1978年底开始，先是在农村进行改革，实行家庭联产承包责任制，农民有了生产的积极性。20世纪80年代开始，改革从农村扩大到城市，私营企业和民营企业得到了长足发展，国有企业也开始改革，我国经济迎来了第一轮快速增长期。

1989—1992年，我国经济陷入低谷，商品过剩，经济很冷。1992年，邓小平南方谈话后，从1992年底到1993年6月，中国经济一下子热了起来，CPI涨到20%以上。经过3年多的治理整顿，1996年，过热的经济才有所缓和。

1997年，亚洲金融风暴爆发。1998年，中国遭遇百年未遇的特大洪灾，中国的经济环境变得极为艰难。1978—1998年，我国经济经历了高峰期和低谷期。

1996年4月，我回国后第一次给MBA（工商管理硕士）班上课时曾问学生：“大家看，中国经济何时能从谷底反弹？”全班29个同学中有28个都说：“我们判断中国经济在6月份就能反弹。”只有一个同学判断到年底才能反弹。很多人都问他为什么对中国经济那么悲观？

等到 2002 年底我再上课时，学生人数已经达到上百人。我又问大家：“诸位同学，你们判断一下，中国经济何时能够从谷底反弹？”全班同学异口同声地答道：“还早着呢。”

当所有人都觉得经济复苏还早的时候，中国经济恰恰已经在绝望中产生了希望，当所有人都向下看的时候，也许经济大发展的时期即将到来。由此看来，在宏观经济的发展过程中，人们对经济形势的判断常常有误。

2003 年上半年，“非典”来袭。但在下半年，中国经济就起飞了，而且连续 5 年保持高速增长。这是因为积极的财政政策见效了，中国经济因此一路高歌走到 2008 年。1998—2008 年，中国经济从低谷期走向高峰期。

2008 年，美国金融危机爆发，我国政府出台了一个 4 万亿的救市计划。2012 年，我国经济开始掉头向下。2014—2015 年，经济形势不好，房地产行业也不景气。2015 年 6 月，股市崩盘了，8 月，人民币汇率改革，我国经济进入了下行周期。从 2015 年第 4 季度到 2016 年第 1 季度，我国经济跌入谷底。

2016—2017 年，我国的房地产市场回暖，加上产能的提高，以及去库存、去杠杆的政策，煤炭等大宗原材料的价格一起涨了起来，国内需求强劲反弹，国外需求也在反弹，全球经济回暖。

进入 2018 年，由于国际贸易争端，全球经济增速开始放缓。

制造业进入衰退周期，尤其是德国的制造业。随着全球经济增速放缓，我国出口的这驾马车放慢了脚步，消费和投资都不尽如人意。中国经济进入了缓慢增长的阶段。

2008—2018 年的 10 年里，中国的经济又经历了一次从低谷期到谷底期的过程。

如何判断一国的经济周期处于什么阶段？

目前，很多民营企业的日子都很艰难。他们想知道，什么时候经济才能好起来，企业何时才能有钱可赚？事实上，这不仅仅是一个企业的问题，而是整个国家的问题。大家都在问，我国经济到达谷底了吗？何时能从谷底走出来？我们还要等多长时间？

大家都感到我国经济变冷了，但用什么来判断经济的冷热呢？这里有三个判断标准：经济增长率、通货膨胀率、失业率。

我国经济增长率是正在上升还是下降？现在是正在下降。我国通货膨胀率如何？在 2% 以上。我国的失业率是否增加？目前的就业形势非常不好。

判断一个国家的经济周期处于什么阶段，要看这“三大率”的变化。

有三驾马车可以拉动经济：消费、投资、出口。

目前，出口这驾马车跑不起来，因为国际经济形势不好。再来看消费，经济形势不好，就会影响就业。人们没了工作，就没了收入，没了收入就无法消费。比如，你没有买新房，就不需要装修，也不需要家电，更不需要买新车，整个生产和消费的环节都会受到影响。

再来看看投资这驾马车：我国制造业投资疲软，生产出来的产品卖不出去。

房地产投资不足，政府的房地产调控政策整体呈现收紧的态势。政府可以进行基建投资。但总的来说，我国的投资仍然不足。

美国的投资情况是怎样的呢？2019 年第二季度，美国的三大投资增速都出现了负增长，包括存货、房地产和企业投资。这说明美国经济出现了衰退的迹象。

美联储降息，欧洲央行已经变为负利率，这一切都表明：全球主要经济体都进入了经济衰退期。各国政府都在用发行国债的方式来拉动经济，各国央行也都采取了宽松的货币政策。

而我国政府这次不搞大水漫灌式的经济刺激政策。长期来看，我国经济潜在增长率向下，现在的经济杠杆率这么高，我国的经济增速慢慢降下来是没有问题的。

如何判断我国当前的经济周期？

有人会问，我国经济周期是 L 型还是 V 型？我觉得既不是 L 型——经济不可能一直都处于谷底的位置，也不是 V 型——经济不会立刻反弹。如果非要打个比方的话，我认为是 U 型，还是一个很平滑的U型，我国的经济目前处在经济周期的底部。试想一下，即使新冠疫情结束，我国的企业家也不会马上进行投资，他们担心第二波疫情是否出现。经济中充满着不确定性。

要让一国经济的这驾马车慢下来容易，但要让其启动却很难。不要幻想我国的经济状况在明天就会好起来，经济状况变好需要有一个过程。经济周期性波动本身就存在不确定性。知道经济的冷与热很重要，无论你是投资、理财还是消费，都需要知道我国经济处于什么阶段，是上升期还是下降期。

经济热时，到处都有赚钱的机会；经济冷时，投资什么都不赚钱。企业不愿意投资，百姓也不愿意消费。经济短期波动时，你要看到经济增长的长期趋势，不要过于悲观，中国经济的长期趋势是向好的。

2005年冬天的一个早上，我去中央人民广播电台录制节目。当时，大雪压满枝头，整个世界一片雪白。走在路上，我发现道路两旁的柳树枝都被雪压断了，满地都是残枝。录完节目我回到校园里走了一圈，这时我发现，这里的树枝都是完好无损的。仔细一看，这里种的是杨树，杨树又高又大，树干非常粗壮，大雪无法压断枝条。为什么一场大雪过后，柳树枝折了，杨树枝却完好无损？因为柳树枝开的杈太多了，杨树却一直在向上生长。

企业要做好抵御经济寒潮的思想准备，备好资金，准备过冬。企业还要能够承受经济短期波动带来的损失。因此经济冷时我们应该保存实力，熬过寒冬。

作为企业家只要能够赶上一轮经济增长期，抓住一个机会就够了。赶上一轮经济增长期，一国经济也能快速发展。我国未来还有20年，甚至更长时间的经济增长期。在这个增长期内，可能会出现一些问题，但我国经济的总体趋势是向上的。

宏观经济知识是很重要的。你要了解经济增长率、通货膨胀率、失业率、利率、汇率、税率，还要懂得经济为什么会有周期性波动。当你看到经济指标变动时，就知道自己该如何行动了。

新产业

本篇分析了未来大发展的十大产业，包括服务产业、文化产业、资源产业、环保产业、养老产业、保险产业、旅游产业、大健康产业、互联网产业、人工智能产业。为你定制人生的职业规划，探索投资理财的新路径。

第 8 讲

服务产业

第一篇讲的都是宏观经济知识。在第二篇中，我想谈谈如何选择产业，哪些产业未来会有大的发展，未来哪种职业会更有前景。我判断，未来将有十个产业会大发展。这一讲我们来谈谈服务产业的前景。

全民消费时代来临

我国的“十二五”规划强调要让消费带动中国新一轮的经济增长。前面说过，拉动一国经济的有三驾马车：消费、投资、出口。目前我国的投资和出口需求都在收缩，消费成为目前能拉动中国经济增长的重要马车。

党的十八大报告提出，到 2020 年，我国的 GDP 和城乡居民人均收入都将比 2010 年翻一番。2012 年，我国的人均收入是 4 000 美元，也就是说，2020 年时要达到 8 000 美元。然而，按照国际货币基金组织的最新数据，我国在 2018 年时人均收入就有约 9 600 美元，已远远超出当年的目标。

在收入增加后，为了提高生活质量，人们会逐渐增加消费支出。因此，未来凡是与消费相关的服务产业都会迎来大发展。

我国的消费发展经历了四个阶段。第一阶段是买吃买穿，满足温饱；第二阶段是买冰箱、洗衣机、彩电等家用电器，提高物质生活水平；第三阶段是买房、买车，追求更舒适、更便捷的生活条件；第四阶段是买健康、买快乐，人们开始寻求精神上的富足。

中国人在吃饱穿暖、有房有车后，下一步想干什么呢？我认为，从 1978 年算起，中国经济前 30 年是靠出口和投资拉动的，而后 30 年要靠消费拉动。全民消费时代的来临是我国经济新的增长极，中国进入了消费升级阶段。中国人富裕起来后，中档和高档消费领域将是一个巨大的市场。

中国既是一个制造业大国，又是一个消费大国。为什么《财富》世界 500 强的公司都来了中国？因为中国是一个巨大的市场。随着收入增加，中国人的消费开始更注重品质了，人们愿意为更高档次的衣食住行买单。

2019 年 7 月初，我在北京首都机场 2 号航站楼看到一个商店，有很多人在排队。原来是人们在排队购买喜茶。从 2017 年开始，喜茶这个品牌就非常火爆。据说当时买一杯喜茶要排队 6 个小时，每人限购 3 杯，还需要实名购买。喜茶与原来的奶茶品牌相比，具有原料好、价格高、环境好等特点。现在喝饮料已经成为一种享受性的生活方式。这也说明我国居民的消费升级了，服务产业拥有广阔的市场。

我国服务产业的发展空间

随着人们收入水平的提高，社会分工变得越来越细，服务产业的发展空间变得越来越大。与过去那种自给自足的农业社会相比，人们似乎都变得“无能”了，许多事情自己不会做或者做不好，商机就蕴含其中。

一个人的收入越高，时间就越宝贵。现代生活中，许多东西都太复杂了，出故障没法自己修，人们需要专业人士的帮忙。我国六七十岁的男士，很少有人不会修理自行车和缝纫机。而三四十岁的男士，绝大部分都不会修理汽车。所以，提供汽车维修和保养服务的 4S 店就出现了。

现在的年轻人，更愿意将脏衣服送到洗衣店。洗衣店将衣服清洗、熨烫、折叠后再通知顾客取回家。还有很多年轻人干脆不在家里做饭，想吃饭就叫外卖。人们打算外出时，只要在手机上下单，租车平台就会派车来接人。人们想要买菜、买水果或购买生活用品时，只要在网上挑选后一键下单，快递员就能送货上门。

人们可以得到一切省时省力的服务，这就是服务产业未来的发展方向。

服务产业需要的是服务精神

服务型社会渐渐成形，然而在我国的服务产业中，人们的服务精神和服务意识却还很欠缺。我国的许多企业都只重视品牌不重视服务，因此难以得到长期发展。我国的服务产业要培养从业人员的服务精神和服务意识。

过去，日本每年只能接待 400 万名游客，而现在，每年已可接待 8 000 万名游客。日本的旅游产业就是靠服务产业支撑起来的。世界各地的人们为什么愿意到日本旅游？因为日本的服务水平是世界一流的。

说到优质服务，不得不提海底捞火锅。四川火锅在我国到处都是，但海底捞却能在中国餐饮领域做到一枝独秀。因为海底捞的核心竞争力就是它所提供的服务。海底捞的特点是什么？主要就是它的“家文化”。公司对员工就像对待家人一样，而员工对顾客更是无微不至。经过 20 年的发展，海底捞从四川的一家小火锅店变成在香港上市的餐饮公司，成了一个国际知名的餐饮品牌。当你走进海底捞时，会有一种宾至如归的感觉。当然，服务标准不是一成不变的，人们对服务的要求会越来越高。

我国服务产业的未来

我国中等收入人口的规模在不断壮大。数据显示，2015 年至今，我国中等收入人口的数量从 1.09 亿攀升至 3.85 亿。预计到 2022 年，中等收入人口的数量将增加到 4.8 亿。这是一个多么庞大的市场，其中又有多少商机！目前，我国服务产业的发展速度快，发展空间巨大。服务产业将涌现一批著名企业。

也许有人会问，服务产业的发展空间究竟有多大？这取决于人们的收入水平，人们的收入越高，服务产业发展的空间就越大。这给太多人创造了就业和创业的机会。像洗衣、修车、送外卖，这些都属于服务产业。目前，家政服务、月嫂服务等上门服务的需求也非常大。

服务产业有一个特点，它必须依赖于集聚的人群，只有在大城市里才能发展出门类齐全的第三产业。未来我国可能会出现一大批人口超过千万的超大城市。

随着移动互联网、大数据、人工智能等技术的应用和不断发展，商品消费更多地会借助服务来实现。让我们看看下面这些数据：

数据一：网上订餐（即外卖），2017 年前三个季度的市场交易额已达 1 400 多亿元，比 2016 年增长了 80%。

数据二：家政服务市场极为庞大。2016 年，我国家政业的从业人员数量在 2 500 万人左右，2017 年就达到了 2 800 万人，预计未来家政从业人员的需求量会越来越大。

数据三：月嫂工资翻番。年轻人愿意从事月嫂的工作。月嫂的收入甚至超过了一些白领，有的月嫂月薪高达 2 万 ~3 万元。

数据四：我国的快递从业者有 300 多万人，每年运送的快件超过 400 亿件，居全球之首。过去人们要到邮局收寄包裹，现在只需坐在家里用手机下单，快递员就会上门送货、取件。

数据五：滴滴出行平台每天处理的订单大约有 1 100 万单。

截至 2019 年 7 月，滴滴出行的注册用户人数已超过 5.5 亿。

你进入服务产业，最开始可能只是为了找一份工作，但如果你抓住机会，未来也有可能成为行业的领头羊，就像滴滴出行一样。

消费升级释放了巨大的需求，我国未来服务产业发展的商机无限。

第9讲

文化产业

2012年，中央电视台制作了大型美食纪录片《舌尖上的中国》，节目一开播就火遍全国。据说美国人也爱看这个节目。在看节目前，他们准备了大量的薯条和饮料，一边看节目一边吃零食。节目看完之后他们产生了疑问，为什么中国人吃一顿饭这么费事？从挑选食材到把食材加工成美食，中间有许多道工序，要知道，中国人不是为了吃饭而吃饭，人们更多是在体验中国的美食文化。这一讲我们来谈谈我国文化产业的发展趋势。

马斯洛需求层次理论

马斯洛是美国著名的社会心理学家，他在1943年发表的《人类动机的理论》一书中提出了人类需求层次的理论。他认为人类存在两种不同的需求，一种是生理需求，另一种是精神需求。他把人类的需求分为五个层次：第一个层次是生理需求，这是人类维持自身生存的最基本需求，包括呼吸、水、食物、睡眠；第二个层次是安全需求，人有确保自身安全的需求；第三个层次是情感和归属需求，人人都有爱人与被爱的需求，还要拥有归属感；第四个层次是获得尊重的需求，每一个人都需要得到其他人的尊重；第五个层次是自我实现的需求，人们希望实现个人的理想和抱负，这是最高层次的需要。简言之，这五个层次的需求分别为：生理需求、安全需求、情感和归属需求、尊重需求和自我实现的需求。人们吃饱穿暖以后就有了精神方面的追求，想听音乐，想看电影，想出门增长见识，对精神文化方面的需求也会越来越多。

改革开放后，经过40多年的发展，中国人吃穿不愁以后，在精神文化方面有了更高的追求。我国文化产业的黄金时代已经来临。

什么是文化产业？

文化产业是从事文化产品生产和提供文化服务的经营性行业。

文化产业的范围包括广播影视业、新闻出版业、广告业、音像业、网络、文学艺术、音乐创作、摄影、时装、舞蹈、动漫、文化演出、教育培训、新媒体，还有很多与文化产业相关的衍生产业，文化产业涵盖的范围非常广泛。

我国的“80后”和“90后”一定都看过《哈利·波特》系列图书或电影。《哈利·波特》的作者J. K. 罗琳1965年出生于英国的一个普通家庭。她从小就喜欢写作，常常给小伙伴讲自己编的童话故事。考大学时她想报考英国文学专业，但父母不同意，认为学文学不好找工作，于是她只好选学德语和古典文学专业。

大学毕业后，罗琳成为一名驻葡萄牙的记者，并在那里与一位男士结婚，但这段婚姻只维持了很短一段时间就结束了。罗琳抱着几个月大的孩子回到英国。母亲的猝然离世使她伤心欲绝，父亲与她的关系也非常不好。她陷入了一贫如洗、无依无靠的境地。她没有工作，只能靠低保生活。她和女儿住在租来的小公寓里，寒冷的冬天，屋里却没有暖气，她们的生活过得极为艰难。面对沉重的生活压力，她抑郁到几乎自杀的程度，但为了女儿，她决心活下去。

每天早上，她都带女儿来到住所附近的一家咖啡馆，因为那里比较暖和。孩子睡着后她就开始写作。罗琳当时穷到没有钱买本子，于是她就把故事都写在小纸片上。在这家咖啡馆里，她创作了《哈利·波特》这部小说。罗琳说，在她 24 岁那年，她在火车上看到窗外一个戴黑框眼镜的小男孩朝她微笑并挥手，这个小男孩只在她眼前一晃就消失了。她灵感突现，萌生了创作《哈利·波特》这部小说的想法。这部小说终于在 7 年后问世。

她将写完的书稿寄了出去，却一连被 12 家出版商拒绝。理由都是她从来没出过书，没有一点儿名气。走投无路的罗琳决定到图书馆去看看。她翻阅《作家和艺术家年鉴》以寻找文学经理人投稿，却意外发现了里特这个人，罗琳决定碰一碰运气，把一部分书稿寄给里特。

里特是当时英国的一个知名出版商，他最初收到书稿时并不感兴趣，觉得出版儿童小说一定不赚钱。但还是约罗琳出来见面，没想到那次会面罗琳却来晚了。在等待时，里特翻开了罗琳的书稿，他一下子就被书中所描述的神秘世界吸引了。他相信这本书出版后一定会轰动世界，于是他告诉罗琳："我很期待能够看到您的完整作品。"

这让罗琳欣喜万分，感动不已。接下来，里特花了一年时间才找到一家小出版商，他们同意出版罗琳的这本书，但预付的稿费只有 1 500 英镑。

《哈利·波特》出版后果然一鸣惊人，罗琳终于在 1998 年时来运转，她的处女作的版权在美国被拍到了 10.5 万美元，这对当时"吃低保"的罗琳来说简直像中了彩票一样。

赚到第一桶金后的罗琳开始奋笔疾书，她以几乎每年一本的速度创作了 7 本《哈利·波特》系列小说。《哈利·波特》被翻译成了 73 种文字，在全球卖出 4 亿多册。后来还有了《哈利·波特》系列电影和各种衍生品。2009 年，罗琳以 10 亿美元的身家登上了《福布斯》富人排行榜，超过身家 6.6 亿美元的英国女王。《福布斯》杂志评价道：哈利·波特真的有魔法，它就是罗琳的印钞机。从罗琳的故事可以看出，人类对文化产品的需求是非常大的。

2012 年，浙江卫视推出《中国好声音》节目，该节目共获得 10 亿元的广告收入。爆款节目给广告商和电视台都带来了巨大利益。2012 年，国产电影《人再囧途之泰囧》横空出世，这部电影的投资只有 3 000 万元，却收获了 12 亿元的票房，泰国游也随之大火。2018 年的国产电影《我不是药神》获得了很好的口碑，这部投资 7 500 万元的电影最后收获了 31 亿元的票房。

2019 年的国产电影《流浪地球》是一部科幻大片，投资 3.2 亿元。这部电影是我国制作的一部具有里程碑意义的硬科幻电影。电影的拍摄过程十分艰难，最后收获了近 47 亿元的票房。

这些国产电影之所以票房很高，是因为电影的质量很好，满足了中国观众对高品质电影的需求。因此，无论媒介形式如何变化，文化产品的核心竞争力都在于其内容。

内容为王的时代来临

很多人羡慕"网红"，觉得他们都是一夜之间就成名人了。其实这只是一种表面现象，很少有人看到"网红"在成名前所付出的努力。使"网红"脱颖而出的是他们提供的内容，而不仅仅是自媒体这种媒介形式。

2017 年播出的电视剧《人民的名义》和《白鹿原》都获得了很好的口碑，因为这两部电视剧的内容都非常优质。目前我国的影视行业正在朝着精品化的方向前进，内容为王的时代已来临。无论媒体的形式怎样变化，内容始终是重点。当前，我国的文化产业不仅要实现平台升级、技术升级，更要实现内容升级。粗制滥造的文化产品必将被淘汰。

现在传统媒体与新媒体的竞争很激烈。很多人都认为，传统媒体已经落伍了。我国的传统媒体包括报纸、杂志、书籍、电视、广播。传统媒体没有办法和自媒体在时效上进行竞争。一个新闻事件，传统媒体刚采编完成，自媒体上已经广泛传播了。新媒体利用互联网传播新闻，速度很快，这符合经济学的基本原理，因为效率高，所以新媒体更容易赚到钱。

传统媒体要想在竞争中求得生存和发展，必须利用互联网资源，提高新闻的时效性。在内容上，传统媒体因为有一大批高端的专业人才，可以拓展新闻内容的深度和广度，这是传统媒体的优势所在。

传统媒体因为有人才优势，可以制作出好的作品。文化产业目前最缺的就是人才，尤其是创意、管理和运营方面的人才。涌入文化产业的投资机构和投资者非常多，文化产业中的项目也十分丰富，但可用的人才却不足。我国文化产业很难快速发展壮大，就是因为高素质人才短缺。

我国文化产业的未来

我国的文化产业虽然起步晚，但国家对其扶持力度很大，各级政府也都对其非常重视，出台了很多支持政策。近年来，在旅游、演艺、影视、创意、动漫等行业中涌现了一大批优秀的企业。我国的文化产业已与旅游、城市建设、商业开发、美丽乡村建设等各领域融合发展。文化领域中，很多上市公司出现，可以说，文化产业迎来了属于自己的春天。

文化产业是继房地产、金融、互联网之后，我国新的经济增长行业。文化产业即将兴起，文化产业的黄金投资期即将到来。

如果要问 5G 时代最火的产业是什么？那就是文化产业。文化产业的产值巨大。我国的影视行业已经发展到了相对成熟的阶段，2018 年，电影《战狼 2》的票房能够达到 56.8 亿元，说明中国的电影市场的空间非常广阔。

我国的演艺行业处于刚起步的阶段。有研究分析，未来中国演艺行业的总产值有望超过万亿元，演艺市场无疑是个诱人的大蛋糕。此外，动漫及游戏市场这几年也备受关注，借助互联网平台，以内容为核心的网络游戏及动漫作品，受到年轻群体的广泛关注。

为什么文化产业未来将有无限可能呢？从经济学的角度分析，需求大于供给就可以赚钱。日本的小说在 20 世纪 80 年代曾风靡中国，韩剧近些年在中国也非常火。中国是有着几千年历史的文明古国，中华民族的文化底蕴非常深厚，中国文化一定会再度吸引世界的目光。

许多外国人喜欢阅读中国小说，欣赏中国的绘画作品，观看中国电影，听中国故事，许多外国人都会说汉语，这与改革开放 40 多年，中国与世界各国进行的文化交流活动密不可分。中国文化产业的兴起必然会带来巨大的商机。

文化产业的兴起不以个人意志为转移，这是社会发展到消费文化时代的结果。只要你具备一定的文化水平，有文化产业的思维方式，就能进入文化产业，把一种公共文化意识打造成公共文化产品。文化产品可以复制、销售，美国的迪士尼乐园就是最好的例子。文化产业要和互联网、金融、旅游等行业相结合，走出一条国际化的路子。中国文化产业的发展之路会越走越宽，文化产业未来将成为一个大产业。

如果你想从事与文化产业相关的工作，首先要做的就是提高自己的文化素养。如果你想投资文化产业，就必须创造好的内容，打造优质作品。记住，资本要投入到能够产生价值的地方。

第10讲

资源产业

2005年，英国学者彼得·杰伊写了一本名为《财富的历程》的书。书中预测，未来地球上的人口将达到150亿，这是地球难以承受的。地球上的资源是有限的，但地球上的人口却在不断增多。有限的资源怎么满足不断增长的人口需求呢？这是人类面临的共同难题，也是经济学研究的主题。经济学研究的是资源的稀缺性，这一讲来谈谈资源产业的发展趋势。

我国的耕地资源和粮食自给率

我国国土的陆地面积有960万平方公里，加上300万平方公里的海洋面积，我国国土总面积是1 260万平方公里，居世界第3位。我国的耕地面积居世界第4位，人均耕地面积却不足1.35亩，只有世界人均耕地面积的40%。

根据2018年第6次人口普查的数据，我国总人口约为14亿，其中农业人口约为5.7亿，占总人口的40%以上。发达国家的农业人口占总人口的比例一般都低于5%。而中国40%左右的人口都在从事农业生产活动，是一个不折不扣的农业大国，但我国农业生产的效率却不高。

由于地少人多，中国政府早在2011年就提出，18亿亩的耕地红线绝不能打破。也就是说，如果耕地面积少于18亿亩，中国人就无法实现粮食自给。2018年，我国划定了15.5亿亩永久基本农田。

2011—2018年，我国减少了2.5亿亩耕地。2017年，我国累计进口粮食约1.3亿吨，其中80%以上是从美国进口的。如果按比例计算，中国现在有2.5亿人是靠进口粮食养活的。

以前我国粮食的自给率能达到95%，但2017年，我国粮食的自给率已降到了82.3%左右（低于世界安全标准的90%），谷物的自给率降到了95%左右。我国已经从一个农业大国变成农业进口大国。2018年，我国的粮食总产量约为6.5亿吨，进口粮食约为1.3亿吨。

从全球农业市场进口粮食可以作为一种补充手段，但要满足中国每年超过6亿吨的粮食需求，我们就必须保证主要粮食自给。近年来，我国大量进口国外的廉价粮食，导致国内粮食的收购价格偏低，有些农民放弃种粮，因为种粮可能不赚钱甚至赔钱。

随着我国的工业化进程加快，房地产市场这几年红红火火，土地的价格升高，耕地流失的可能性变大。20世纪80年代，我坐火车路过河南、山东、安徽时，窗外是一望无际的冬小麦田，当初的万亩良田现在已经不见了。

粮食安全关乎国家安全，中国人不能只依靠进口粮食，中国人的饭碗任何时候都要牢牢端在自己手上。农产品受边际条件的制约，不可能无限增长。农产品价格上涨是一种必然趋势。

有人说，在中国种粮不赚钱，耕地资源也不值钱。这种说法不对，未来，中国最稀缺的就是耕地资源。投资耕地是一个正确的选择，因为生产粮食需要耕地，耕地会越来越贵，我们要好好保护耕地资源，这是稀缺资源。将耕地资源集合起来办大农场是未来农业发展的趋势。

我国的水资源

水资源是指淡水资源，这是全世界最稀缺的资源之一。我国的水资源总量为 2.8 万亿立方米，占全球水资源总量的 6%，仅次于巴西、俄罗斯、加拿大，排在世界第 4 位。

中国是全球人均水资源拥有量最少的国家之一，截至 2016 年底，我国的人均水资源拥有量只有 2 354.9 立方米，仅为世界平均水平的 25%，可我国又是世界上用水量最多的国家。中国属于极度缺水的国家，按照国际公认的标准，人均水资源拥有量低于 3 000 立方米的为轻度缺水国家；人均水资源拥有量低于 2 000 立方米的为中度缺水国家；人均水资源拥有量低于 1 000 立方米的为重度缺水国家；人均水资源拥有量低于 500 立方米的为极度缺水国家。中国目前有 8 个省、自治区、直辖市的人均水资源拥有量低于严重缺水线。这 8 个省、自治区、直辖市包括北京、天津、河北、山东、河南、山西、江苏和宁夏。从这个统计数据可以看出，我国缺水的状况有多严重。由此，我们也可以大胆判断，凡是与水资源保护和开发相关的产业未来的发展前景都会很好。

让我们看看德国人是怎样节水的。20世纪90年代初，我去德国巴伐利亚州的新天鹅堡参观。在回慕尼黑的路上，司机问大家："你们知道那座山上有什么吗？"大家都说不知道。司机说："这座山上有很多雪，雪融化以后都流进了山后的大水库，慕尼黑的一百多万人喝的就是这里的水。"这句话让我感触太深了：德国的水资源这么丰富，他们还把天上的降水、山里的雪水一点一滴收集起来，供居民饮用，尽量不去抽取地下水，将地下水留给子孙后代。在德国，每家每户都会收集雨水。他们在自己的房顶装上水管，雨水就顺着管子流进地下室的储水罐。每户人家都会准备两个大桶，他们用积存的雨水浇花种树，城市生活污水被净化成中水，再用来冲厕所、洗车。

2012年7月21日，北京下了一场大暴雨，整个城市变成了一片汪洋，损失惨重。每年夏季，暴雨一来，北京城内就洪水泛滥。北京盖了许多高楼，修了许多地下商场、停车场，可为什么就没有建好相应的储水系统，把宝贵的降水收集起来循环使用呢？在西方国家，人们在地上建多高的楼，就会在地下挖多深的储水池。

北京的那场暴雨让我们开始关注一个城市的排水系统。如果你看过法国影片《悲惨世界》，那你一定对此有深刻印象：巴黎的下水道宽敞得可以划船。巴黎的下水道是 19 世纪 50 年代修建的，目前已有 2 300 多公里长。整座城市的供水系统也十分完善。

建立完善的城市地下排水系统很有必要，这里同样蕴含着商机。可以说，未来凡是与节水相关的产业都会得到很大发展，比如中水处理、雨水收集、海水淡化，这些都是有潜力的行业。21 世纪，人类争抢石油，而 22 世纪，人类要争抢水资源。谁能拥有充足的水资源，谁就将在竞争中胜出。

我国的能源资源

什么是能源？做饭用的火，开车用的油，手机充的电，这些都叫作能源。能源包括什么？它包括煤炭、石油、天然气等不可再生的传统能源。此外，水电和核电属于可再生能源。葛洲坝水电站和三峡水电站用水发电，只要有水，它们就可以运转。但煤炭、石油和天然气是经过千百万年才形成的，这些能源短期内不可再生。

统计数据表明，我国天然气只够再开采 30 年，石油只够再开采 12 年，煤炭只够再开采 67 年。按照目前的开采速度，70 年后，我国的天然气、石油以及煤炭资源将告急。这些不可再生的能源一旦耗尽，我国未来将从哪里获取能源？都靠进口吗？有哪个国家能提供这么多能源呢？

于是人们开始研究新能源。新能源就是以新技术为基础开发利用的能源。新能源包括太阳能、风能、海洋能、地热能、页岩气、可燃冰等。目前受到很多关注的光伏产业就是太阳能产业。

对页岩气资源的研究和勘探最早始于美国。美国生产页岩气的成本仅略高于生产常规的天然气，这使得美国成为世界上唯一能够实现页岩气大规模商业性开采的国家。据预测，在未来 10 年内，美国不但不需要大规模进口液化天然气，还有望成为液化天然气的出口国。美国专家乐观地认为，有了页岩气资源，美国未来 100 年内都可高枕无忧。根据英国石油公司发布的《世界能源展望 2018》可以得知，到 2040 年，中国将成为仅次于美国的第二大页岩气生产国，页岩气产业的发展潜力巨大。中国石油化工集团有限公司和中国石油天然气集团有限公司这两家企业，正在开发页岩气产业。

我国资源产业的发展趋势

资源类产业属于第一产业和第二产业。许多资源都是不可再生资源，比如土壤、煤、石油等。

人类生存需要资源，生产也需要资源，如果没了水、电、粮食、能源，人类就无法生存也无法发展。所以，资源类产业未来有很大的发展空间。

我国的耕地资源情况不容乐观，必须要守住 15.5 亿亩的耕地红线；水资源严重短缺，保护水资源也是当务之急。不可再生能源在可预见的未来会消耗完毕，我们要努力开发新能源。因此，资源产业中有无限的投资商机。

第 11 讲

环保产业

中国改革开放到现在已有 40 多年，市场经济给人们带来了许多发展机遇，也使中国经济向前迈进了一大步，我国的经济总量已跃升至世界第二位。国民收入提高，生活条件得到改善，但环境却在一定程度上遭到破坏。这一讲我们来谈谈我国的环保产业。

水污染问题

水是生命之源，也是万物生存的希望。但是，目前我国面临严重的水污染问题，七条大河的水污染严重，它们分别为海河、辽河、淮河、黄河、松花江、长江、珠江。我国的工业废水和生活污水，有很多没经过处理就直接排入了水域，这造成我国 1/3 以上的河段受到污染，90% 以上的城市水域污染严重，近 50% 的重点城镇，水源不符合饮用水的标准。我国近 3 亿人口面临饮用水不安全的现实，城乡居民饮用水的安全问题突出。

世界卫生组织的调查显示，全世界80%的疾病、50%的儿童死亡都和饮用水受到污染有关。水污染已对人类健康造成巨大威胁。

中国人常常觉得喝水能解渴就行，很少考虑水质问题。我国居民的饮水观念与西方发达国家相比至少落后30年。20世纪90年代，我在德国留学时，发现德国家家户户都有饮水机，都有自来水过滤器。30多年过去了，中国只有5%的家庭在使用净水器。中国人不是没有钱购买净水器，只是没有使用净水器的意识。

我国的缺水问题严重，却又集中了世界上耗水最多的工业企业，还有漫灌式的农业。目前我国的600多座城市中，有400多座存在不同程度的缺水问题，严重缺水的城市达110座。专家预测，当我国人口增至16亿时，人均水资源拥有量将下降到1 750立方米，接近国际公认的水资源紧张的标准，成为中度缺水国家。因此，目前我国节水治污的任务非常重。政府要加大支持力度，开展如保护水源地、收集利用天然降水、处理污水、治理废水、制备中水等工作。

很多西方国家早就把生活用水和饮用水的水源分开了。用两条供水管线，做到废水不废、污水不污。为了节水，西方国家把浴缸和抽水马桶的容积改小，连水龙头都做了改进。他们把废水和污水当成可回收的资源，美国的加利福尼亚州甚至有地下水银行。我国很多城市都需要完善的蓄水设施。我国农业的浇灌方式也正在由漫灌式、喷灌式向滴灌式发展，节水治污行业的潜力很大。

为了缓解水资源短缺的现状，我国采取严格控制用水总量，合理分配水资源等措施，对水资源进行保护。如今，我国已全面建立河长制，哪条河出问题河长就要被问责。

2015 年 4 月 2 日,《水污染防治行动计划》(简称“水十条”) 正式出台。政府对我国水务行业实行了最严格的管理措施。我国现在正在推广“海绵城市”计划。什么是海绵城市？就是实践水循环的理念，城市能够像海绵一样在下雨时吸水、蓄水、渗水、净水，需要时再将蓄存的水“释放”出来。

联合国发布的《2018 年世界水资源开发报告》指出，目前全球约有 36 亿人居住在缺水地区，这些人一年中至少有一个月的时间会面临缺水的问题。2050 年时，居住在缺水地区的人口可能增长至 57 亿。全世界都存在严重的缺水问题。

我们可以给子孙后代留下房子、车子和存款，但是当世界上再也没有纯净的饮用水时，我们的后代喝什么呢？我国在水资源领域既面临巨大挑战，也将迎来巨大机遇。

大气污染问题严重

最近几年，华北地区频繁出现雾霾天气，这引发了全社会对大气污染的关注。2017 年，我国 338 个地级及以上城市中，只有 29.3% 的城市空气质量达标,70.7% 的城市空气质量不达标。据统计，2013 年 1 月，北京有 25 天是雾霾天。

我国在过去的20年中生产出了世界上最多的钢铁和水泥，盖了最多的楼房，建了最多的铁路、公路、机场，并取代日本和美国，成为世界头号工厂。但整个国家在环境方面所付出的代价是巨大的。

其他国家早就有以牺牲环境为代价换来经济发展的前车之鉴。100多年前的伦敦因为空气污染严重被称为“雾都”；50年前，日本成为世界工厂，日本的几个大城市受到了严重的重金属污染，东京、横滨一带的重工业区是“毒瓦斯”的天下；30年前的韩国，20年前的中国，现在的墨西哥和印度，都饱受环境污染之苦。由于工业发展迅速，环境不可避免地会受到影响。从数据上看，我国雾霾天气的重灾区依旧集中在京津冀地区。

未来5~10年将是我国防治大气污染的重点时期，政府加大了在环保治理上的投入力度，这为我国环保产业的发展注入了新动力。

土壤污染问题

联合国2015年发布的《世界土壤资源状况》报告指出，全球土壤正在加速退化，我国土壤的污染问题很严重，至少有10%的土壤已基本丧失生产力，近18%的土壤受到不同程度的污染，有近40%的农田菜地重金属污染超标，其中10%严重超标。

《中华人民共和国土壤污染防治法》自2019年1月1日起正式施行。这部法律完善了我国土壤污染防治的法律体系。经专家测算，我国要打赢蓝天保卫战需投资 1 万亿元左右，要打好碧水保卫战需投资 1.8 万亿元左右，要打好土壤保卫战需投资 6 600 亿元左右。我国的环保产业将迎来难得的发展机遇。

建立节约型社会

2006 年，我去了一趟新疆，从南到北共走了 8 天，看到中国 1/6 的陆地，感受到了中国之大。我看到了被形容为“死亡之海”的巨大沙漠和绵延不绝的戈壁滩。2007 年，我在内蒙古看到了成群的牛羊，它们经过的地方，青草都被啃食一空，风一吹，黄土飞扬。据估算，中国有 6 亿人口正受到土地荒漠化的威胁，防风固沙是一个巨大的难题。

我国也是一个缺林少绿的国家，截至 2019 年，我国的森林覆盖率只有 22.96%。我们要保护森林，保护自然。近年来，国家也采取了许多措施，如植树造林、退耕还林、退田还湖等。如今人们致富的观念、发展的观念都在改变。绿水青山就是金山银山。我们有责任保护好每一座山、每一条河、每一棵树、每一株草。

节约用水应该成为每个人一生坚持的习惯。节约用水请从自身做起，比如可以用淘米水浇花，用洗碗、洗衣的水冲厕所，中水还可以用来洗车、浇灌绿地。节水这件事中也有无限商机。

防沙固沙、水土保持、净化空气、美化环境都离不开绿化工作，我们应该大量种树种草。在制备中水前要先净化污水，在收集降水前必须先建好地下储水设施。

未来凡是与净化水源、净化空气、防风固沙、控制排污、淡化海水、植树造林等相关的行业都将得到极大发展。“十三五”期间，国家将下大力气解决环境污染问题。这几年，国家相继出台了《水污染防治行动计划》《土壤污染防治行动计划》和《大气污染防治行动计划》。环保产业未来的发展空间巨大。

第12讲

养老产业

我在清华大学MBA班上课时，经常讲一个笑话："让我来描述一下你们未来的家庭场景吧。床上躺着4个老的，地下跑着2个小的，你们努力工作赡养4个老人，抚养2个孩子，你们的家就像一个小型养老院。"学生们回答说："老师，床上躺着的不止4个老的，我们还有双方的爷爷、奶奶、姥姥、姥爷，我们要照顾12个老人。"我国已进入老龄化社会，这一讲我们来谈谈我国养老产业的发展。

我国已进入老龄化社会

什么是老龄化社会？一个国家或地区60岁以上人口达到总人口的10%，或65岁以上人口达到总人口的7%，就意味着这个国家或地区进入老龄化社会。

2017年底，我国总人口已达13.9亿，60岁以上人口已达2.41亿，约占总人口的17.3%。预计到2020年，我国60岁以上人口将达2.55亿，我国将成为超老年型国家。

随着我国医疗卫生条件的不断改善，人们的平均寿命越来越长。2013 年，中国人的平均寿命是 73.5 岁，2018 年，则达到了 76.4 岁。仅仅经过 5 年时间，我国人口的平均寿命就延长了近 3 岁。相信再过不久，中国人的平均寿命将会超过 80 岁。随之而来的是一个现实问题，一个人的寿命如果超过 90 岁，那么他领退休金的时间可能比他的工龄还要长。

我国原来的法定退休年龄是男性 60 岁，女性 55 岁。后来我国制定了新的退休政策，从 2015 年开始，女性退休年龄每 3 年延迟 1 岁，男性退休年龄每 6 年延迟 1 岁，直到 2045 年同时达到 65 岁。我国制定退休新政策是为了延迟职工的退休时间，解决老龄化问题。

从 2020 年开始，1960 年出生的男性职工和居民推迟 6 个月领取养老金，依此类推，到 2030 年实现男性职工和居民 65 岁领取养老金。也就是说，2045 年，无论男女都要工作到 65 岁才能退休。

我国养老金的来源和养老模式

有两个与养老相关的问题：养老的钱从哪里来？到哪里去养老？也许有人会说，我未来用于养老的钱是我自己交的养老金。是的，这没有问题，但你知道你父母的养老金是从哪里来的吗？

举例来说，如果你是“60 后”，你父母当年工作时由于工资很低，并没有交养老金，如今退休了，他们领的是谁交的钱呢？我国过去的养老金制度是现收现付制。也就是下一代工作的人交的养老金发给上一代退休的人。

这样做的好处是效率高，养老金在代际之间转移。用下一代人交的养老金养上一代人。但这种方法有一个问题，一个国家进入老龄化社会，年轻人交的养老金将不能足额支付老年人的养老金。

我国采取的是老人老办法，新人新办法。所有现在正参加工作的人都要按照国家的规定缴纳养老保险，企业缴纳一部分，个人缴纳一部分。这笔钱上缴之后会被分为两部分，一部分作为社会统筹账户交给政府，政府拿着这笔钱，以现收现付的方式给老年人发放养老金；另一部分会记在正在工作的人的个人账户下，退休时按比例发给你。养老金的个人账户是累积制的，退休的时候发给你，但个人账户也由国家管理。

我国的个人养老金由两部分组成：一部分是基础养老金，国家按照公平原则发放；另一部分是个人账户的养老金，退休后依据个人的缴费总额，分月平均发放。

关于养老金的问题很多。随着老龄化社会的到来，领取养老金的人越来越多，国家的基础养老金总额不足，有时要从个人账户的养老金中挪用，这导致个人养老金账户出现空账的问题。我国正在着手解决这些问题。

目前我国主要有三种养老模式：一是居家养老。和世界上任何国家一样，居家养老是主要的养老方式。二是社区养老。老人住在自己家，由社区服务人员提供居家养老的相关服务，或由社会提供养老服务，企业来运营。三是机构养老，也就是老人到养老院去养老。这三种养老模式与养老的产业化问题有关。

日本的养老产业

日本是一个高龄化社会，大部分65~75岁老人的健康状况良好，75岁以上的老人才需要看护。2013年，日本人口有1.2亿，其中500万人需要重点看护。而中国有14亿人，需要重点看护的人口数量更为庞大。

日本老人选择养老机构，首先看品牌，其次看膳食服务，然后看费用，接着看养老机构和医院的关系，最后看养老机构的地址。

日本社会的养老机构是怎样运作的？九州岛福冈市的一个社区里，有一家养老院。这家养老院位于一幢3层的建筑内，房间总共不到20间。这里虽然面积不大，但是设施齐全。这家养老院属于一个拥有四家养老院的连锁机构，它的场地都是租来的，主要服务周边社区。这家养老院提供以下四种服务：

第一，日间照料。老人上午从家里过来，在这里吃饭、活动、锻炼身体；进行心理康复、语言康复训练；下午有工作人员给老人洗澡，吃过晚饭后再送他们回家。

第二，短托。很多老人在家里需要家人看护，如果家人临时有事，就会把老人送来。短托一般可以选择7天、15天、1

个月，家人可以办完事后再接老人回家。

第三，养老院模式。老人可以长期居住在这里。

第四，上门服务，也可以说是家政服务。工作人员可以提供和老人聊天，给老人体检，帮助老人洗澡等上门服务。

日本的养老模式是把居家养老、社区养老、养老院养老这三种服务，统一交给一个养老企业，让企业来管理。这种产业化的养老模式值得我们学习。

我国养老产业未来的发展趋势

我国在“未富先老”的状态下进入了老龄化社会。为什么我国的养老服务要发展成养老产业？下面将从两方面进行分析：

首先，伴随着我国社会老龄化进程的加快，大量的养老服务需求得不到满足。统计数据显示，预计到 2020 年，我国失能老人的数量将达到 4 200 万，80 岁以上的高龄老人数量将达到 2 900 万，而空巢老人和独居老人数量将达到 1.18 亿。

其次，当前中国已形成“9073”的养老模式。90% 的老人在家中养老，7% 的老人在社区进行短期托养，3% 的老人在机构养老。中国的大部分老人都采取居家养老模式，而居家养老需要一系列配套服务，这部分养老服务市场的需求巨大。

之所以这么说有三点原因：

第一，目前我国的养老服务产业还处于起步阶段。中国现在的养老床位约 250 万张，社会提供的养老床位只占老人数量的1.48%。养老机构面临老人多、床位少、护工少、投资大、收益慢的问题。我国现在的目标是解决3%的老人养老问题。

第二，我国90%的老人仍采取居家养老的方式。大家庭式的居住方式已被小家庭式的居住方式所取代。特别是“80后”“90后”这代人，他们可能要赡养多位老人。随着“空巢老人”和“独居老人”数量的增加，老年护理服务向着社会化和市场化方向发展是必然的趋势。

以上海市为例，上海市人口的平均寿命达83.63岁。理论上说，一个60岁的老人可健康存活的时间为23.63年，他们约有14.5年需要半自理或完全不能自理的长期护理服务。

预计全国至少需要1000万个专职或兼职护理员。养老服务产业涉及的面广，就业岗位多样，有护理员、生理理疗师、营养师、心理治疗师、社会工作者等。

现在在城市里打零工的保姆，如果能通过职业培训成为专业机构的护士或技术人员，就可以从事一份有保障的工作。大家可以想想，这个市场的规模有多大?

未来中国的养老院更像过去的幼儿园，年轻人早晨上班时把老人送进养老院，晚上下班时再把老人接回家。

第三，我国的养老事业需要动员社会力量，进行行业化、社会化养老。未来为老年人提供服务的产业将会得到极大发展，这个产业也叫“银发产业”。与上一代人相比，中国“50后”“60后”的人们受教育的程度更高，健康状况也更好。退休并不等于退出社会生活，老年人也有巨大的文化消费需求。养老产业有多种发展方向，比如办老年大学，建康复中心，开展适宜的文化、体育、保健活动等。日本的养老产业在日本创造了巨大的经济价值。随着中国进入老龄化社会，中国的养老产业也将迎来巨大商机。

2010 年，我国养老产业的市场规模仅有 1.4 万亿元；2017 年，我国养老产业的市场规模增长至 5.6 万亿元；2018 年，我国养老产业的市场规模达到了 6.6 万亿元。未来养老产业的市场规模巨大。

第 13 讲

保险产业

说到保险，人们一定都不陌生，有些人可能很早以前就买了保险。然而人们对保险的认识仍然不足，有些人甚至不知道保险究竟可以用来干什么。这一讲我们来谈谈保险。

保险的起源

海上保险

古时候，往来于地中海两岸的商人在遇到海难时，为避免船只沉没，往往会抛弃一部分货物以减轻船只的重量。货物的损失通常由大家分摊，于是逐渐形成了一种“一人为大家，大家为一人”的习惯，海上保险就是在这种背景下诞生的。

火灾保险

英国伦敦的房子很多都是用木头搭建的，因此经常发生火灾。1666 年 9 月，伦敦城被大火烧了 5 天 5 夜，20 多万人流离失所，无家可归。

一位聪明的商人发现了商机，他成立了火灾保险公司，并告诉居民，大家可以一起出钱成立一个基金，谁家的房子烧了，就用这个基金赔偿这位房主。于是伦敦的居民争先恐后买了这个火灾保险。

人身保险

在哥伦布发现美洲新大陆之后的 15 世纪后期，奴隶贩子把大量非洲黑奴运往美洲。由于条件恶劣，途中将近 1/3 的黑奴会死亡，损失惨重。于是奴隶贩子们就把黑奴当作货物投保，黑奴如果死了，他们就能得到保险公司的赔偿。后来有船只遇险沉没，保险公司只赔偿因黑奴死亡造成的损失，船员死亡得不到任何赔偿，船员的家属因此心里很不平衡。于是船员开始给自己投保，当然船员的投保额要比黑奴高得多，如果他们遇到了意外，保险公司就会对其家属进行赔偿。

重大疾病保险

有一位南非的外科医生叫伯纳德，他为一位女士成功地实施了心脏手术。手术后医生建议这位女士多休息，在家人的陪伴下好好康复。然而，两年后这位女士再一次来到诊所，她呼吸急促、脸色苍白，眼中充满了对死亡的恐惧。她说："我还要工作，我需要为孩子们留下一笔钱。"两个月后这位女士不幸去世了。

伯纳德医生悲伤地说："医生只能拯救一个人的生命，却不能拯救一个贫困的家庭。我们治好了病人，但却使他们债务缠身！”在伯纳德医生的倡导下，1983 年，重大疾病保险出现了。

我国保险产业的现状

一般来说，保险分为五大类：人寿保险、财产保险、再保险、医疗保险和短期意外伤害险。

从金融资产配置的比例看，我国居民的投资中，保险资产仅占全部投资的 2% 左右。就是说，100 元的金融资产中，仅有 2 元被用于购买保险，而在美国，这个数据是 32.6%，日本是 26.8%。由此可见，我国保险业的发展空间还是非常巨大的。

现在，仍有许多人不愿意买养老保险，这些人认为存钱养老就可以了。他们更不愿意买医疗保险，认为自己目前很健康。中国人普遍不重视养老保险，也不愿意买医疗保险，却没想到，一旦家里有人患了重病，家里所有人都要承担责任。

买保险是社会发展到一定阶段，人们在吃饱穿暖后才会想到的事。有人说，过去我们没有买保险不也活得很好吗？但现在不一样了，人们的收入水平提高了，防范风险的意识也需要提高。

第一，多国数据显示，当人均 GDP 达到 5 000~15 000 美元时，买保险的人就会增多。2018 年，中国的人均 GDP 约为 9 600 美元，按照社会经济发展规律，中国人到了该买保险的阶段。

第二，中等收入人口增多，对保险的需求加大。2017 年，我国中等收入人口占总人口的 37%，也就是说，我国 1/3 以上的人口属于中等收入人口。中等收入人口是我国买保险的主力军。

第三，随着社会的老龄化进程加快，我国政府支付养老金的压力增大。这突显了购买商业养老保险的重要性。

第四，医疗费用过高，人们需要买医疗保险。我国目前还是一个发展中国家，但我国的个人医疗费用支出远高于发达国家，因此购买商业健康险就显得十分重要。

我国保险产业的发展趋势

不买养老保险，老了怎么办？不买医疗保险，生病了怎么办？不买意外保险，万一真的发生意外了怎么办？其实，保险并不是一种刚性需求，买保险源于人们的忧患意识和责任意识。但是，很少有人会主动买保险，每个人都存在侥幸心理。因此，保险公司要加大力度进行宣传、推广。

我国的保险业代理人有700多万，他们的收入略高于社会平均工资。自从2015年保险代理人资格考试取消以来，我国保险代理人从业人数呈现爆发式增长，2017年比2014年翻了一番。

中国的几大保险公司虽然实力雄厚且具有垄断优势，但和其他金融行业相比，保险公司眼下还不具备人才优势，多数年轻人更愿意到银行工作。其实到保险公司工作是大势所趋，只要你不怕吃苦，敢于锻炼自己，几年后你就会脱颖而出。

未来，我国的保险行业有可能会像房地产行业一样迎来一个黄金10年，因为我国中等收入人口开始意识到买保险的重要性。35~54 岁是人们购买保险的高峰期。中国未来将有 20 年的保险购买高峰期。

2018 年，我国政府开展了个人所得税递延型商业养老保险的试点工作，也就是说，个人购买商业养老保险的可抵扣一部分税收。政府出台税收优惠政策鼓励国民购买商业养老保险，否则我国的基础养老金缺口将越来越大。

商业养老保险产业将会是一个有着 4 000 万客户的大市场。保险公司给老年人定制养老保险产品也是一种趋势，因为我国老年人口数量庞大。

未来，在大金融领域，保险产业会捷足先登并遥遥领先。因为保险产业有天然的优势。举个例子，人们在 20 岁时买的保险直到 60 岁时才能取出，保险公司可以将这笔连续交了 40 年的钱拿去投资。

为什么美国、日本、欧洲各国的人买保险的意愿都很强烈，而中国人却不重视买保险呢？因为我们刚刚富裕起来，还没有达到人人都有意识地去买保险这个阶段。买房也是一样，20 年前大家都不买房，都在等着国家分配住房。现在人们买房的热情高涨。但买保险不一样，必须得有人去说服大家，告诉大家买保险很重要。因为保险的好处看不见也摸不着，更体验不了。

可以说，当下的中国人不缺钱，缺的是购买保险的意识。美国、日本、德国的保险代理人和经纪人人数众多，中国的保险经纪人人数少且还需要经过专业的培训，并提高素质。在德国，没有买医疗保险的话，看病极贵；没有买养老保险的话，老了进不了养老院；没有买失业保险的话，失业就没有收入了。

我国现在已发展到主要由中等收入人口购买保险的时代了。随着人们的收入增加，保险公司的实力增强，再加上大量保险代理人的推广，我国保险产业将会快速发展壮大。

由于主观和客观条件逐渐成熟，各种资源都在向保险产业倾斜，中国保险产业的春天即将到来。

第 14 讲

旅游产业

相信大家应该都很喜欢旅游，如果有条件，我们都想出去看看。过去的中国人没有旅游的概念，因为那时连饭都吃不饱。20 世纪 80 年代，中国人吃饱穿暖后，萌生了去看看外面的世界的想法。人们先是在国内旅游，20 世纪 90 年代开始到国外旅游，先游东南亚，再游欧洲、美洲、非洲、大洋洲。现在不管走到哪个国家，都能看到中国人的身影，旅游已成为中国人生活的一部分。这一讲我们来谈谈旅游产业。

旅游产业的产生与发展

为什么过去人们不去旅游，而现在都爱旅游了呢？这是现代社会的需求，还是人自身的需求？旅游产业之所以产生，有以下四种原因：一是人们的收入水平提高了；二是社会的基础设施有了改善；三是旅游可以缓解高强度工作带来的巨大压力；四是人们对自由的向往。

农业社会阶段，人们没有多余的钱，而且交通不方便，去一个地方要花很长时间。随着科技的进步，人们修建了铁路、公路、高速公路，还发明了汽车、飞机、轮船等交通工具，人类的旅游活动越来越便捷。

现在，在中国的许多景点，你都可以看到外国人的身影，世界其他国家的许多景点也都有中国人的身影。据说几年前的国庆节期间，故宫每天有 8 万人参观游览。

旅游产业诞生于 19 世纪，并在 20 世纪得到了较大发展。二战后，旅游产业迅速成为一个新兴产业。20 世纪 60 年代以来，全球旅游产业的经济增速总体高于全球经济增速，旅游产业成为全球最大的新兴产业。20 世纪 90 年代开始，国际旅游收入在世界出口收入中所占的比重达到 8% 以上，超过石油、汽车、机电等工业原料和产品的出口收入。旅游产业正式成为世界第一大产业，并保持至今。预计到 2020 年，全球旅游收入将达 16 万亿美元，这相当于全球 GDP 的 10%。旅游产业能够提供 3 亿个工作岗位，占全球就业总量的 9.2%。

我国旅游产业的现状

我国旅游产业起步比较晚，1978 年左右，这个产业才出现。我国旅游产业发展至今经历了三个阶段：

第一阶段是观光游。少数人跟团旅游，游客的人均收入在 1 000 ~ 2 000 美元。人们走马观花，在景点停留的时间短，人均消费较低。

第二阶段是休闲游。游客开始涌向东南亚的新加坡、马来西亚、泰国等国家。游客的人均收入在 2 000~3 000 美元。人们在旅游目的地停留一周左右，人均消费比原来有所提高。

第三阶段是度假游。游客的人均收入在 3 000 美元以上，在旅游目的地停留大约半个月，人均消费水平较高。度假游包括自由行、自驾游和深度游。

2008 年，我国的人均 GDP 约为 3 313 美元。从那时起，度假游这种旅游方式成为主流，家庭度假游的市场发展壮大，大量度假景区涌现，自驾游也开始兴起。

2018 年，我国的人均 GDP 达到 9 600 美元，度假游开始向深度游发展。旅游已成为中国人生活的一部分，此时，我国进入大众旅游阶段。过去旅游是小众行为，出国旅游是身份和地位的象征。国民收入水平普遍提高后，人们可以选择国内旅游或出国旅游。旅游成为一种大众休闲方式。

“十二五”期间，我国旅游产业成为国民经济的支柱产业。从我国旅游产业的增速情况来看，最近 10 年，除 2008 年受金融危机影响，我国各年度旅游产业收入的增速都高于 GDP 增速。

中国目前拥有世界最大的国内旅游市场，是世界第一大国际旅游消费国，也是世界第四大旅游目的地。

从 2010 年开始，我国旅游产业出现了新趋势。春节和国庆长假期间，全家一起到国外旅游成为潮流。如果你去澳大利亚、加拿大、美国、德国、法国等国旅游，会遇到很多同胞。国外各大商场在中国的春节和国庆节会做好迎接中国游客的准备，甚至广播时都会用汉语进行播报，很多外国商品的包装上也都印着简体中文说明。

20 世纪 90 年代，我正在德国留学。那时慕尼黑的街上全是高档服装商店，我路过时眼睛从不往里看，因为我只是一个拿奖学金的学生，任何一件服装我都买不起。有一次我在德国坐大巴旅游，司机问我："你是日本人吗？"我回答："我是中国人。"他诧异地看着我说："我怎么从来没有见过中国人。"我说："我们的人都在家里搞建设呢，等他们出来后会吓你一跳。以后你一定能看到许多中国人。"没想到 20 年过后，中国人果然走遍世界各地，各个国家都有中国人的身影。

现在，我们既可选择穷游也可选择富游。年轻人喜爱自驾游，老年人愿意组团游。其中，老年人是旅游市场的生力军，老年人对旅游产业的贡献不可小觑。

20 世纪 90 年代，德国的短途旅游很便捷，只要花 10 马克，就能坐着大巴去另一个国家。现在的中国，旅游也很便捷。游览一个省，费用在 1 000~2 000 元。2015 年，我坐着大巴游览了山西省。山西从煤炭大省成功转型为旅游大省，接待了许多国内外游客。我国各地政府都在着力打造本地旅游产业的样本。旅游产业出售的产品是自然景观和人文景观。

我国旅游产业的发展趋势

出门旅游需要具备三个前提条件，一是钱，二是时间，三是交通。我国的人们已经逐渐富了起来，具备了旅游的经济条件；我国的法定节假日有长假和小长假，带薪休假制度也正在落实中；我国的高铁营业里程在 2019 年底时已达 3.5 万公里，稳居世界第一，高速公路的总里程突破 14 万公里。无论你想到哪里去旅游，交通已不成问题。因此，可以说，我国旅游产业仍处于黄金发展期。

我国旅游产业具有以下发展趋势：

第一，我国拥有全球最大的国内旅游消费市场。

第二，自驾游市场正在扩大。2018 年元旦，我到台南进行自驾游。从高雄到垦丁，一路沿着海岸线行驶，窗外海天一线的景色让人陶醉。自驾游具有便捷、舒适、自由等优点，这也是发达国家最流行的旅游方式。据统计，2017 年，我国乘用车保有量为 1.9 亿辆，也就是说，大约 1.9 亿家庭将是自驾游的潜在消费群体。

第三，中西部旅游资源得到了开发，旅游价值有了提升。我国优质的旅游资源主要集中在中西部地区。以前这些地方的交通条件落后，但到了 2017 年年底，我国中西部地区的高铁营业里程已达 1.3 万公里。随着交通条件逐渐变好，游客也更愿意去中西部地区旅游了。

第四，随着大量资本涌入旅游产业，旅游产业还将迎来新一波的发展热潮。

我国旅游业市场在不断成熟，有国内游和国外游，还有外国人的入境游，这是一个巨大的市场，我国旅游产业的发展空间极为广阔。

第15讲

大健康产业

人们都认为生老病死是一个自然的过程，但有多少人能做到无疾而终呢？现在，人们也开始重视养生了。这一讲我们来谈谈大健康产业。

中国人的健康状况

统计数据显示，目前我国高血压患者约有2.45亿，高血脂患者约有1.6亿，糖尿病患者约有9 240万，超重和肥胖人群逾3亿。国家卫健委相关统计数据显示，我国慢性病患者近3亿，因慢性病造成的死亡人数占总死亡人数的85%左右。在我国，有70%左右的人都处于亚健康状态。有人也许会问，过去我们没有这么多的病，为什么现在生活条件好了，生病的人却越来越多了呢？为什么越来越多的人患上了慢性病？

随着我国经济的发展和人们生活水平的提高，中国人的生活方式发生了巨大变化。过去我们都在家里做饭，不叫外卖，也很少去餐馆。俗话说“病从口入”，其实很多病都是吃出来的。饮食习惯与健康状况息息相关。

高血脂、高血压、糖尿病（俗称“三高”）都属于慢性病，对人类健康的危害很大。我国健康产业的目标是治未病。那什么叫治未病呢？

给大家讲一个故事，春秋战国时期有一位神医叫扁鹊。有一天，魏文王问扁鹊：“你们兄弟三人谁的医术最高呀？”扁鹊回答：“大哥最好，二哥次之，我最差。”魏文王又问：“为何你最出名呢？”扁鹊回答：“大哥治病，是在疾病发作之前，故无人知晓；二哥治病，是在疾病初期不严重的阶段；而我往往是在病人的病情已经很严重的时候去治病，大家看见我施针放血，或在身体上敷药，就认为我的医术最高明，实则不然。”

这个故事告诉我们，在疾病发展之前进行治疗或预防是多么重要。不治已病，治未病，这就是我国大健康产业的发展思路。没病时防病，有病时治病，病愈后养生。

什么是大健康产业？

大健康倡导的是一种健康的生活方式，这是一种呵护健康、预防疾病的新健康模式，让人们“生得优、活得长、不得病、少得病、病得晚、走得安”，提高生命的质量。

几年前，一个美国医生到北京参加一个医学会议，当他看到北京的三甲医院门前长长的队伍时，感到非常惊讶，中国怎么有这么多人患病呢？通过分析，他发现，排队看病的人中有80% 根本就不需要来医院看病。人们在面对疾病时的紧张和不安促使他们来到医院。

美国的一项研究证实，30%~40% 的手术根本就不需要做。英国的一项研究证实，85% 的药物对疾病是没有绝对效果的，应该尽量减少对病人进行无效的医疗干预。

大健康产业的范围非常广泛，凡是与健康相关的产业都可以叫作大健康产业。为了便于人们理解和记忆，我们把大健康产业分为以下三类：第一类是医疗医药产业；第二类是保健品产业；第三类是健康管理服务产业。

发展大健康产业就是转变传统的疾病治疗观念，从单一的治疗模式转向防——治——养一体化的模式。

我国的大健康产业迎来发展的黄金期

我国的经济总量已经位居世界第二位，这是我国发展大健康产业的经济基础。到 2050 年，中国的老年人口将达到 4.8 亿，预计每 3 个人中就有 1 个老人。老人越多，大家对健康的需求、关注就越高，这也是我国大健康产业能够飞速发展的一个原因。

我国大健康产业有 10 万亿元的市场规模。据统计，2017 年我国大健康产业的规模为 6.2 万亿元，2018 年是 7 万亿元，2019 年是 8.78 万亿元，到 2020 年，大健康产业的规模将突破 10 万亿元。

目前，我国大型制药企业纷纷向大健康领域投资。未来 10 年将是中国保健品行业的黄金期。保健品行业是全球的朝阳产业，随着人们生活水平的提高，我国保健品的消费在增加，预计到 2021 年，我国保健品市场将达到 4 500 亿元的规模。

我国大健康产业的发展趋势

目前，大健康产业在我国才刚刚起步。人们开始关注吃什么健康，穿什么健康，怎么运动健康，怎样生活才可以不生病或少生病。而这些问题都与大健康产业有关。对健康生活方式的消费是当今世界最重要的消费方式之一。年轻人都在关注健康领域，这体现在饮食、运动、休闲、工作、旅行、服装等各个方面。

过去人们只要吃饱饭就可以了。现在，人们要吃有机食品和健康食品。那些能够更好地满足消费者需求的商家才会有良好的发展前景。

年轻人更关注食物是否是健康的，他们愿意为天然有机食品支付额外的费用。所以在绿色有机食品领域，投资机会可能不少。这几年，在香港街头出现了很多专卖有机食品的商店，店里卖的都是低热量的蔬菜、零食。吃有机食品已经成为我们这个时代的又一种潮流。

年轻人乐于使用运动手环和智能手机来记录自己的训练数据和健康信息；他们愿意花更多钱购买体育用品和服饰；他们喜欢的鞋子是用天然材料制成的；他们要戴可以监测运动和睡

眠质量的智能手表等等。人们在吃穿用住行等方面会考虑怎么才能更健康、更天然、更环保。由此可见，大健康产业未来具有广阔的发展前景，它提供了大量创业和投资的机会。

城市里的人们如果想吃新鲜的东西，可以在手机上下单，外卖小哥随时可以送到家门口，这对企业来说无疑是个巨大的商机。农产品、工业品、生活必需品都可以与健康这个因素相关联。从经济学的角度来讲，新的消费需求产生，满足新的需求就可以赚到钱。随着健康理念的普及，我国大健康产业将会得到大发展。

未来的生活方式很有可能更像过去。为什么这么说呢？现在的人们喜欢在家里做饭，这样的饭更卫生和健康。半个世纪前，我们吃的是绿色食品，身上穿的是粗布衣服，脚上踩的是布鞋，这些都是纯天然材料制成的。

我国身患疾病的人和处于亚健康状态的人越来越多，我们需要治病，但不需要过度治疗。事实上，有些病是可以预防的。如果将以治疗为主的医疗方式转变为以预防为主，中国人的健康状况可能会有所好转，医院也不会出现人满为患的情况了。

那么，如何让中国人生活得更健康呢？大健康产业的目标就是为了解决这个问题。此外，大健康产业还包括中医，我国的中医和中成药产业的发展空间更大。

我国大健康产业是一个十万亿元的大市场，未来对健康的需求是：喝健康的水，吃健康的饭，穿健康的衣，做健康的运动，各行各业都必须考虑健康这个因素才有发展的机会。这就是我国大健康产业的发展空间。

第16讲

互联网产业

20 世纪 80 年代我读大学那会儿，我最喜欢去的地方就是图书馆，因为那里可以免费读书。由于当时没有钱买书，看到好的书我就把它抄下来。现在有了网络，什么资料都只需几分钟就可以从网上下载下来，这大大节省了时间，提高了工作效率。这一讲我们来谈谈互联网产业。

互联网产业的产生与发展

互联网诞生于美国。美苏冷战时期，美国想利用计算机来打击苏联，想把计算机带到前线去，但当时的计算机太过庞大而无法移动。于是技术人员就开发了一种数字式的世界语言，一种可以在计算机网络世界中传递数据的通用语言，这就是人类的第一份互联网协议。1976 年夏，互联网诞生了。

互联网产业发展起来以后，大量资金涌入其中。20 世纪 90 年代，美国出现了信息高速公路，互联网产业开始进入发展的快车道。那时，只要与互联网相关的公司都受到了很大关注，可是互联网公司只是烧钱并不赚钱。好景不长，在 2000 年美国的互联网泡沫破灭了。互联网产业在一夜之间遭受了灭顶之灾，世界互联网产业进入寒冬期。

然而互联网产业并没有停下发展的脚步，从固定互联网时代来到了移动互联网时代。移动互联网的出现，使机器与机器、人与人之间联系起来，为网络普及和商业发展提供了市场，互联网产业的黄金时代来临。今天的我们没有智能手机不行，离开互联网就更不行了。

我国互联网产业的发展

大约在 1994 年，互联网进入了中国。当时的中国科学院高能物理研究所有一个网络中心，可以和美国斯坦福的网络中心相连。同年，我国正式签约加入了国际互联网，由此开启了中国的互联网时代。1995 年，中国电信开通了北京和上海这两座大城市的网络接口，人们开始以付费的方式上网，在这以后，我国的互联网公司陆续出现。

经过 20 多年的发展，我国互联网产业的内容包括门户网站、搜索引擎、社交网络、移动应用、电子商务、游戏与影音视频、O2O（线上线下相结合的交易方式）、网络直播、移动支付等，中国已成为互联网应用的超级大国，甚至在某些方面实现了弯道超车。比如，当中国还在使用 2G（第二代移动通信技术）网络时，我到美国去就见到 3G 网络了，当中国移动互联网升级到

3G 时，我到美国去就见到 4G 网络了。现在我们不需要羡慕了，因为中国已经普及 4G 网络。我在美国时，很羡慕他们的车里都装载有 GPS（全球定位系统）导航系统，现在我国的导航系统比美国还先进，我们开车到哪里都不会再迷路。

我国网民的数量在最近 10 年的复合增长率达到 8.9%，超过同期中国 GDP 的平均增长率。截至 2018 年 12 月，我国网民数量达到 8.29 亿人，人均每周上网 27.6 小时。全国网民平均每天花在网络上的总时间超过 32.7 亿小时。

20 世纪初，在全球顶尖的科技公司中很难找到中国企业的身影。然而在 20 年的时间内，我国出现了一批世界一流的互联网企业，5 家企业的市值排名进入全球互联网企业前 10。我国的互联网企业，例如百度、阿里巴巴、腾讯、京东等主要集中在消费、支付、服务、内容等应用领域。这些互联网公司可以满足人们在购物、教育、医疗、出行、娱乐、社交、生活服务等方面的需求。互联网深刻地改变了中国人的生活习惯和消费行为。例如，人们在手机上购物后，快递小哥会送货上门。网上可以购买火车票、飞机票，也能购买任何生活用品。学生可以在网上听课，不必坐到教室里，这叫线上教育。线下许多地方都可以进行移动支付，出门只需拿一部智能手机就足够了。如果你到农村去赶集，大爷和大妈的货摊儿上都有一个二维码，用手机扫码就可以付款，不需要现金支付。

现在的中国移动支付在全球都是领先的。互联网的出现让我们的工作和生活变得更便捷，互联网产业的前景无可限量。

5G 时代

目前，中国已经逐渐将移动通信技术升级到 5G。5G 的网带会加宽，网速将比 4G 提高上百倍。5G 时代会给我们的生活带来哪些改变？

第一，互联网时代的“定制”服务，将满足每一位用户的需求。

第二，未来将出现无人餐厅、无人超市、机器人外卖员等。

第三，未来的一切家具、家电都将是智能的。

第四，5G 时代是一个无人驾驶时代，机器会极速算出一个城市的拥堵概率，人们可以提前判断拥堵的情况，避免浪费时间。

第五，5G 时代，人类的寿命有可能继续延长。人们使用健康手环和脚环，可以随时了解自己的健康状况。

第六，5G 将使网上冲浪变得无比顺畅，一部超高清电影 3 秒之内就可下载完成。

可以说，互联网走过了三个不同阶段：

第一个阶段是机器的互联。让机器与机器对话。

第二个阶段是人与人的互联。人类与网络实现了永久连接。

第三个阶段是物与物的互联。这是物联网时代的特征。由于各种物品实现了智能化连接，再加上人机互动技术的发展，人类将迈入万物互联的新时代。

机器实现互联，人类花费了近 40 年时间；人与人实现互联，人类花费了 15 年时间。第三阶段是物与物互联，人类花费的时间会更短。

澳大利亚创业家史蒂夫·山姆马提诺在他的《碎片化时代》一书中举了一个马桶行业的例子：

“实现互联后的马桶，通过多种感应器，可以对人体的排泄物进行分析，并输出一份高质量的化验报告。如果马桶的使用者患有某种疾病，马桶可以在症状没有显现之前就对其进行提醒……其实人们不用改变什么生活习惯，实现互联的马桶完全可以自动完成以上工作。突然间，马桶的生产商就成了医疗行业的重要商业合作伙伴。”

由此可见，未来不属于互联网公司，未来属于那些能把互联网技术运用得好的公司。

我国互联网产业的发展趋势

趋势一：低端客户成为新的目标群体

互联网公司过去没有把低端用户作为目标群体，行业内认为只有一线城市的高端人群才是优质客户。2018 年，几大新流量源的爆发展现了我国低端客户的网络购买力。拼多多和抖音的火爆就是一个例证。

我国偏远地区的人群、老年群体将成为新的互联网用户，他们有时间也有精力。

趋势二：线上、线下业务融合

线上是指网上购物，线下是指传统商业。未来将是资源共享的时代，线上、线下业务将会融合。中国互联网产业发展至今，由于人口红利逐渐减少，用户流量增长缓慢，所以线下流量的价值又重新凸显出来了。

趋势三：产业互联网的竞争在加剧

在衣食住行方面，中国的数字化程度已经赶超美国，这里指的是消费互联网。我国的产业互联网还相对落后。

2018年，我国的互联网企业，如百度、阿里巴巴、腾讯、京东等，开始把产业互联网作为未来发展的新方向，加大力度向制造、金融、医疗、汽车、物流、通信、交通等行业渗透，在各个领域展开竞争。我国正在加速从消费互联网时代向产业互联网时代前进，这是一个全新的挑战。

互联网时代是一个资源整合的时代。这个时代的特征是：没有资源可以整合资源，没有资金可以整合资金，没有渠道可以整合渠道。互联网时代还是一个注意力经济的时代。你能吸引谁的关注，你究竟抓住了谁的眼球？

现代信息技术革命将改变我们的一切。改变商业模式，商店不是越大越好，有可能是越小越好；改变生活模式，不去超市，待在家里搞定一切；改变支付手段，不去银行，使用手机银行；改变思维模式，我们需要拥有互联网思维。

第 17 讲

人工智能产业

大家一定都听说过人工智能。当人工智能发展到一定阶段时，人类的很多工作都将被机器人所取代。这一讲我们来谈谈人工智能和人工智能产业。

人工智能的产生

20 世纪 50 年代就有人提出了人工智能概念。那什么是人工智能？它又是由谁发明的呢？第一个提出这个概念的是美国人约翰·麦卡锡。1927 年，麦卡锡出生在美国波士顿。12 岁那年，麦卡锡读到了一本叫《数学大师》的书，从此他爱上了数学。他在大学的申请材料中只写了一句话："我打算成为一名数学教授。"之后，他如愿进入美国加州理工大学攻读数学专业。

1948 年 9 月，约翰·麦卡锡在读研究生时参加了一次"脑行为机制"的学术研讨会。大数学家冯·诺伊曼也参加了此次研讨会，而且他还是一个计算机方面的大师。在会上，诺伊曼发表了一篇论文，并提出了一个可以复制自身的机器的设想。

麦卡锡对这篇论文产生了极大的兴趣，他开始尝试用计算机模拟人的智能，他的博士论文也是有关这方面内容的研究。当时，智能机器的概念已经在他的脑海中形成了，但他还没有想出一个合适的词来表达这个概念。

1956 年，他主持召开了达特茅斯会议，参会的是一批计算机科学领域的年轻精英。他们的设想是，组织 10 来个人，花 2 个月的时间设计出一台机器，让机器具有真正的智能。那这台机器叫什么名字呢？麦卡锡给机器起名“人工智能”。人工智能这门新的学科就这样诞生了，麦卡锡因此被称为“人工智能”之父。

人工智能的英文缩写为 AI（Artificial Intelligence）。他们想让机器像人一样拥有学习能力、思考能力、语言表达能力，以及行动能力。就像科学家造汽车、火车、飞机、收音机一样，这些东西模仿的是我们身体器官的功能，但机器能模仿人类大脑的功能吗？到目前为止，人类对自己的大脑是知之不多。所以说，人工智能是一门极富挑战性的学科。

人工智能产业会如何改变我们的生活？

20 世纪 80 年代，人工智能走向了市场。人工智能设备先是被应用于战争，然后才进入千家万户，改变了普通人的生活。以下 10 个例子可以说明人工智能蕴含的巨大力量。

第一，制造业领域。2016 年，苹果公司的供应商富士康公司在中国的工厂里安装了 4 万余台机器人，取代了原来生产线上的 6 万名员工。

第二，出行领域。美国的优步和谷歌等公司正在大力研发自动驾驶技术。我国的部分汽车厂商也开始试验无人驾驶技术。

第三，配送领域。2016 年 12 月，亚马逊在剑桥大学完成了第一次无人机快递任务，从接到订单到把订单送达用户手中，只花了 13 分钟。

第四，零售领域。2016 年 12 月，亚马逊在美国西雅图开了一家无人便利店，顾客直接拿走商品，传感器会跟踪记录，在顾客离开商店时从其账户上自动扣款。

第五，服务领域。日本的博物馆让机器人充当导游。

第六，医学领域。从 2000 年到现在，美国的手术机器人已完成从膝盖置换到视力矫正的约 200 万例手术。

第七，金融和财务领域。美国的高盛公司以 200 名计算机程序员和一款软件取代了近 600 名股票交易员。

第八，教育领域。2016 年 9 月，英国的教育机器人在伦敦设计与工程大学的技术学院里给学生讲课，这是英国的第一个机器人老师。

第九，法律领域。2016年12月，北京市高级人民法院的“睿法官”系统正式上线。

第十，写作领域。《福布斯》杂志、美联社、路透社、腾讯等多家媒体都开始采用计算机写稿软件。未来，人工智能会使各行各业发生变革与重构。

人工智能产业的现状

有人会问，目前人工智能产业发展到哪一步了？应该说，目前的人工智能产业还处在弱人工智能的阶段。虽然人工智能正逐渐过渡到应用阶段，但现阶段的人工智能仍是弱人工智能，未来将向强人工智能转变。而人工智能的大部分技术还需要5年以上的时间才能发展成熟。要知道，现阶段最先进的人工智能产品已可以与4岁儿童的智商相媲美了。

人工智能产业在我国起步的时间很晚，但百度、阿里巴巴、腾讯、科大讯飞等国内知名互联网企业已开始大规模地在这个领域进行投资和布局，产业投资和创业的热情高涨，技术研究和应用都在快速发展。

统计数据显示，2017年，我国人工智能的市场规模已达217亿元，预计到2020年年底，这一数值将增加到710亿元。我国人工智能企业的创立时间普遍偏短，成立时间主要集中在2016年前后。这也说明我国人工智能产业还处于起步阶段，未来发展的空间很大。

2017年7月20日，国务院印发《新一代人工智能发展规划》。这个文件确立了“三步走”的目标，到2030年，我国人工智能核心产业的规模将超过1万亿元，带动的相关产业规模将超过10万亿元。目前，视觉识别、人脸识别、语音识别、深度学习等技术都已进入应用生产阶段。

AI 时代对我们工作的影响

2017 年 10 月，美国的《纽约客》杂志上刊登了一篇题为《人工智能时代的未来职业报告》的文章。文章谈到工厂的工人即将被机器和自动化设备取代。这篇文章引发了人们对人类是否会被人工智能取代的担忧和讨论。

从历史的经验来看，每一次革命性的新技术出现时，都有大量旧职业消亡和新职业诞生。曾经的汽车取代了马车，司机就取代了马车夫。人工智能技术也将带来巨大变革，到时又有哪些工作会被取代呢？

会被人工智能取代的工作，大部分都是单调的、重复性的、不需要长时间做决策的、机械性的工作。这篇文章还提出了一个“5 秒钟准则”：在一项工作中，如果一个人能在 5 秒内做出决定，这样的工作就很有可能被人工智能取代。

比如，有了自动驾驶汽车和自动驾驶卡车，出租车司机和卡车司机将会在 5~10 年后失业。

机器取代人工是未来的发展趋势。有人会问，什么工作是机器无法取代的呢？具有创意性、互动性、行动性，以及对身体的灵活性有较高要求的工作，机器是无法取代的。所以不管你从事何种行业，只要具备以上素质，你就不会被人工智能取代。人工智能无法取代人类进行工作的行业包括高端服务产业、创意行业、影视行业、艺术行业等 。

虽然机器具有很多强大的功能，但到目前为止，人们并没有把道德选择编码到机器中。2012 年，美国国防部出台了一项规定，在战争中使用机器时，要让人类来决定是否发起攻击。就算是美国特斯拉汽车的自动驾驶仪（尽管它完全能够驾驶汽车）也要遵守相关法律的规定：在任何时候，驾驶员都要把手放在方向盘上。

人类在像教孩子学习一样教机器。有人会问：人教会了机器学习，就像师傅教徒弟一样，徒弟学会了，师傅会不会饿死呢？这是一个很现实的问题。

20 世纪 60 年代，所有人都担心，随着自动化技术的发展，需要人类的工作将完全消失。自动化技术的发展一定会使人类的工作机会减少。随着机械化程度的提高，美国农民的数量减少，从占总人口的 40% 减少到 2%，中国未来也将如此。

由于技术进步，商品和服务的价格也在下降，这意味着人们会变得更加富有，会有新的服务需求，新的就业机会也将产生。

如今，我们换工作的频率越来越快，你并不知道 10 年后自己会从事什么工作。所以需要不断地学习和训练，让自己有足够的能力应对变化。但人工智能继续发展的趋势不可改变。因为从经济学的角度来讲，人工智能可以让企业降低成本、提高效率，使企业有利可图。所以人工智能会继续发展，且不以任何人的意志为转移。如果跟不上人工智能发展的脚步，你将可能失去工作，企业将可能失去赚钱的机会，国家将可能处于落后的位置。我们能做的，就是适应变化。

新微观

本篇讲述了微观经济学的基本概念，包括机会成本、边际效用、比较优势、信息不对称、行为经济学等。教你站在经济学的角度思考问题，助你在市场博弈中脱颖而出。

第18讲

机会成本

从这一讲开始，我们将从宏观经济领域进入微观经济领域。我将讲解一些你在日常生活中经常会遇到的经济学原理，如果你能了解并把握这些经济学原理，就会发现自己对事物的看法发生了变化。这会对你今后的工作和生活有很大帮助。这一讲我们来谈谈机会成本。

什么是机会成本？

机会成本是经济学中的一个非常重要的概念。经济学家保罗·萨缪尔森说过："在每一种情况下，你都必须考虑你做出的选择需要放弃多少其他机会。而那些放弃的选项，就被称为该项决策的机会成本。"

让我们举例来说明。你选择到大学培训就有机会成本存在。你在大学培训的时候不能干别的事，比如无法在周末陪伴家人，可能会错失一次投资机会，或者错过一场体育比赛，等等。这些你放弃的事情或失去的东西，就是你参加这次培训的机会成本。

再比如，你每天晚上都有 3 个小时的自由时间，你是选择到图书馆看书学习还是选择看几集电视剧？在图书馆看书学习的机会成本，是少享受看几集电视剧的快乐，而享受看几集电视剧的快乐的机会成本是失去在图书馆看书学习得到的知识。你需要在二者之间做出选择，每一种选择都包含机会成本，你需要权衡哪一种选择的机会成本最小，获得的产出最大。

如果一个人拥有一所大房子，他选择自己居住的机会成本就是把房子租给他人获得的租金收入。如果要在当职业运动员和上大学之间做出选择，那么你选择当运动员的机会成本是不能上大学，而选择上大学的机会成本，就是无法成为一名职业运动员。

因此，我们需要做出一种机会成本最小、收益最大的选择。

怎么理解机会成本？

第一，一切皆有成本。我们做出的每一项选择背后都有机会成本。机会成本时刻会出现在我们的生活中，你每时每刻都要面临选择，选择就意味着有机会成本。即使你做的选择没有花费一分钱，会计成本表现为零，但机会成本永远大于零。

第二，你有能力获得的选项才是你的机会成本。我们不应该盲目地放大机会成本。比如，一个成绩一般的高中毕业生去大城市打工，那么上一所普通大学就是他的机会成本，而不能把上名牌大学当作他的机会成本。又如，某位农民只会养猪和鸡，那么养牛就不能作为他的机会成本。

第三，对于每个人来说，时间都是最大的机会成本。当你花费大量时间在网上找免费的东西时，虽然会计成本为零，但你消耗了宝贵的时间，这也是你的机会成本。如果你知道机会成本这个概念，就不会用宝贵的时间去做不经济的事。

第四，机会成本的量化标准因人而异。一个人的能力和认知水平越高，他的机会成本就越大。比如，一个很忙碌的公司负责人不会选择乘坐公交车出行，因为这样他的机会成本就太大了。反之，一位退休职工，他出门则大概率会选择坐公交车，因为他坐公交车的机会成本小。

现代社会，每个人都要面临多种选择。下班后，你是选择加班还是选择陪伴家人；周末，你是选择运动还是选择看电影：这些选择中都包含着机会成本。一般来说，成功人士都会选择机会成本小的事去做，而那些不太成功的人都选择了机会成本大的事去做。

什么是沉没成本?

诺贝尔经济学奖获得者，美国经济学家约瑟夫·斯蒂格利茨曾经举了一个例子来说明什么是沉没成本。他说，假如你花 7 美元买了一张电影票，但是你怀疑这个电影不值 7 美元。电影演了半小时后，你最担心的事被证实了：影片糟糕透了。你应该离开电影院吗？在做这个决定时，你应该忽视那 7 美元，因为它是沉没成本，无论你是否离开电影院钱都回不来了。

过去决策的结果已经发生，现在或将来的任何决策都无法改变的成本就叫作沉没成本。就算你放弃看这部电影，钱也收不回来了，你买的电影票就是你的沉没成本。

然而，在现实生活中，总有人会不甘心。他不愿意浪费买电影票花的钱，非要坐在那儿看完为止。那么，他这样做对吗？从经济学的角度看不对，他耽误了时间，这段时间他本可以去干别的事。

不知你是否有过这样的经历。你到一个餐馆吃饭，点完餐、付过钱之后，饭菜没有吃完，你就从餐馆出来了，因为你不喜欢饭菜的味道。这真是明智之举。因为你花费的钱已经变成你的沉没成本，没有必要继续吃下去。既然这件事已无法挽回，你就只能接受现实。再举一个例子，一个企业投资一大笔钱建了一条生产线，但产品生产出来后已经过时了。这时企业一定会果断做出决定，让这个项目下马。因为这笔投资变成了企业的沉没成本，不这样做的话，企业的损失会更大。

了解沉没成本可以帮助我们及时止损。在现实生活中，沉没成本和机会成本经常会一起出现，你在做决定时要学会舍弃沉没成本，重视机会成本。

人的一生会有很多沉没成本，不管你承认与否，它都存在。例如，你买了一张电影票，但这个电影不好看；你买了一件新衣服，但这件衣服不合适；你买了一台不能用的机器，投资了不该投的项目，买了一堆垃圾股，等等。然而这时，你不愿意止损，担心付出的成本没有回报。实际上你已经赔钱了，只是自己不愿意承认而已。所以，沉没成本产生后，你要忘掉沉没成本，考虑机会成本，不要一错再错，这才是最重要的。

机会成本的应用

机会成本是在经济学中会广泛用到的一个概念，这个概念不仅对个人来说很重要，还可以扩展到商品生产、交换和分配等经济领域。

了解什么是机会成本，你在做选择的时候就能够理性分析。在生活中，你会面临各种各样的选择。比如，是考大学还是找工作？是娱乐还是学习？是工作还是旅游？做选择之前，你要计算一下机会成本，尽量使自己做出正确的决定。

创业时也会产生机会成本。你想创业，但创业意味着要付出时间成本、健康成本、家庭成本。如果你的创业是以牺牲时间、健康和亲情为代价的，你就要问一下自己：我创业的机会成本是不是太大？

机会成本贯穿每个人的一生。从你出生到选择幼儿园、小学、初中、高中和大学，这些选择都有你父母的帮助，他们在帮你选择的时候也考虑了机会成本。

你成人后，选择什么样的工作，选择什么样的配偶，选择在哪个城市生活，要不要创业……所有的机会成本一直围绕在你身边。重要的是，你放弃的事情一定是机会成本最小的，你要干的事情一定是收益最大的。

到大学参加各种培训班的都是年轻人或者中小企业的老板。他们愿意到大学参加培训，因为机会成本不高。如果他们每天的时间都很宝贵，就没有时间来培训了。为什么参加培训的大企业家不多呢？因为他们的机会成本太高了。但对他们来说，失去学习机会是最大的机会成本。因此无论是谁，如果只看眼前的利益，只看今天能赚多少钱，那未知的风险也许随时会到来。

我们很多人的行为其实是不经济的，只是自己不知道而已。例如，和金钱相比，我们的时间最宝贵，我们就该用金钱换取时间。但绝大多数人非常舍得花时间，却不舍得花钱。这是不对的，浪费时间才是机会成本。健康重要还是工作重要？相信每个人都会说健康重要。但在面对选择时，人们却通常会忽视健康。不健康的生活方式是一个人最大的机会成本。

从经济学的角度看，资源是稀缺的，每个人的需求都是无限的，我们需要做出选择。究竟该怎么选择呢？选择需要考虑机会成本，你要选择机会成本最小、收益最大的那件事。

因此，无论你学的是什么专业，无论你在做什么工作，你一定要了解一些机会成本的原理。

第19讲

边际效用

经济学中有一个重要概念叫作边际效用。19世纪70年代，经济学家发现了边际这个概念，于是就提出了边际效用的理论，用边际的方法来分析经济问题。经济学从定性分析阶段发展到了定量分析阶段，由此也产生了一场革命，人们把它称为边际革命。这一讲我们来谈谈边际效用。

什么是边际？

奥地利经济学家欧根·冯·庞巴维克给边际理论举了一个很精彩的例子，他说："一个农民拥有5袋谷物，但他不能把它们卖掉，也买不来更多谷物。但他可以将这5袋谷物以下面这几种方式处理了：吃掉这几袋谷物；用这几袋谷物喂养小鸡以改善伙食；用这几袋谷物酿造威士忌或喂养鹦鹉取乐。然而他丢失了一袋谷物，于是他打算让鹦鹉少吃点，因为喂养鹦鹉要比其他的谷物处理方式带来的效用小，这就是边际。正是由于边际，人们做出了经济的决策。如果农民多获得一袋谷物，他又该做出何种决策呢?

边际是额外、追加的意思。多增加的一种产出叫边际产出，多增加的一种消费叫边际消费。

边际的概念还有很多，比如边际效用、边际成本、边际收益、边际利润、边际消费、边际储蓄、边际投资等。

边际成本和边际收益

什么叫作边际成本呢?你可能听说过平均成本这个概念。比如，一家企业的生产线可生产 10 个产品，产品的平均成本是 10 元。如果再多生产一个产品，那么第 11 个产品就是边际产品，它的边际成本有可能下降到 9 元。机器有一个固定成本，产量越大，它的固定成本就越少。如果机器达到满负荷运行状态，就需要增加一条生产线，才能生产第 11 个产品，这将会导致第 11 个产品的边际成本上升。这时市场需求如果没有增加，生产的东西多了，产品就得降价卖，企业的收益也就下降了。

所以，边际成本和单位平均成本不一样，单位平均成本考虑了全部产品，而边际成本考虑的是，多增加一个产品的成本能让企业多赚钱吗?如果不能多赚钱，企业就不应该增加生产这个产品。

边际成本是指每增加一单位产品引起的成本增量。边际收益是指每增加一单位产品带来的收益增量。

举例来说，一家客运公司增加了一辆汽车，每天可以多运送50名乘客，这50名乘客就是边际量。增加一名乘客，但汽车使用费、汽油费、工人工资和过路费都不变。那增加的成本是什么呢？就是发给这名乘客的食品和饮料。假设这些东西值10元，边际成本就是10元，增加一名乘客，可以多收取30元的票款，边际收益就是30元。请问该不该让这名乘客上车呢？

在做选择之前，要比较一下边际成本和边际收益。如果边际收益大于边际成本，让这名乘客上车就合适，如果边际收益小于边际成本，让这名乘客上车就不合适。如果一辆车的50个座位都坐满了，再增加一名乘客就要多增加一辆车，这显然就不合适了。在这个例子中，应该让这名乘客上车，因为这个例子中的边际收益大于边际成本。

需要记住的是，当边际成本等于边际收益时，利润可以达到最大化。当生产的某种产品达到一定数量后，它的边际成本是上升的，再卖这个产品时，如果你想卖得更多，就要降价，边际收益也会下降。从这个最优点出发，多卖一个产品，边际成本就会大于边际收益，卖这个产品就会亏损。

但如果产品还没有达到边际成本等于边际收益的情况，每多卖一个产品就都在赚钱，因为利润没有达到最大化。所以，只有边际成本等于边际收益时，才能达到利润最大化。

对于一个企业来说，当边际收益大于边际成本时，企业就该增加生产量；当边际收益小于边际成本时，企业就该减少生产量。企业的最终目的是使边际收益等于边际成本。由此可以得出结论，在之前举的那个例子中，那辆客运汽车装满 50 人才最划算。

边际效用递减的法则

对于消费者来说，生活中有一个边际效用递减法则。举例来说，你在吃第一块蛋糕时感觉很好吃，吃第二块时觉得也不错，吃完第三块时已经饱了，吃第四块时感觉很撑，再吃第五块你会想吐。这就是边际效用递减。

边际效用说的是消费者的一种心理感受。一个人消费一种物品的数量越多，对他来说，新增加最后一单位物品的消费所获得的效用就会越少，这就是边际效用递减。就像吃蛋糕一样，随着蛋糕数量的增加，蛋糕对你的边际效用不断下降，直到你不再想吃蛋糕。其实生活中所有消费的边际效用都是递减的。比如谈恋爱，你对第一个人的印象最深刻，对第二个人的印象没有对第一个人深刻，对第三个人的印象没有对第二个人深刻，以此类推。感情的效用值会随着恋爱次数的增加而减少，这就是人们都难以忘记初恋的原因。

出国旅游是每个人都向往的，但在外面待久了你就会想家。这就是为什么旅行社一般都不会把旅游时间安排得过长的原因，旅游效果也会产生边际效用递减。

假如一个人很喜欢音乐，业余时间弹奏一首钢琴曲也许会让他感到很高兴，但每天都练琴，并成为专业的钢琴家，那么可能他就未必还会这么高兴了。

假如你度假时在酒店吃自助餐，第一天你也许会感到很好吃，但连续吃了 7 天之后，你可能就不再对这些菜感兴趣了。无论什么东西，吃多了都不好，都会产生边际效用递减。

农民种地也是如此，刚开始使用化肥时，粮食产量一定会增加，但过不了几年，产量就会逐渐下降，也是由于边际效用递减。

边际原理的应用

在边际概念中我们可以获得两个启示：

第一，怎么生产可以达到利润最大化？产量不是越多越好，边际成本等于边际收益时获益最多。

第二，怎么消费可以防止边际效用递减？不要消费过多，因为会产生边际效用递减。

边际概念的提出，使人们可以做出更加理性的选择。你请朋友到饭馆吃饭，点菜一定要荤素搭配，不应该满桌子都是红烧肉，你要什么菜都点一些。大家吃的时候，所有菜品的边际效用都相等。更重要的是，同样的开支，荤素搭配的菜品在数量上会更多。

如果你去购物，同样的东西切记不要多买，否则会产生边际效用递减。有人出国旅游，一样的衣服会买两件，一样的鞋子也会买两双。其实回国后衣服穿几次就不喜欢了，鞋子也一样。安排学习计划的时候，如果你准备专心读书8小时，那么倒不如拿出1小时来锻炼身体，因为长时间读书的边际产出也会递减。

无论做任何事，都要避免边际效用递减，应当在一件事还没有出现边际效用递减时做出合理调整。

作为家长，你该怎样对待孩子的学习和成长呢？让孩子好好成长，不仅是指让孩子好好学习，运动和玩乐也不可缺少。有人提出要给孩子充足的玩乐时间，就是为了使孩子能够保持好奇心，当一项活动还没达到边际效用递减时，你就要切换内容。

由此看来，家长给孩子的东西不是越多越好。对孩子来说，任何东西都是边际效用递减的。孩子吃饭、学习、旅游的时间都应该进行合理安排，避免边际效用递减。

此外，低收入人群的边际消费倾向一定高于高收入人群。什么叫作边际消费倾向呢？如果收入增加1元，你是拿去消费还是拿去储蓄。低收入人群多出的这1元，拿去消费的比例较高，而高收入人群的边际消费倾向低，拿这1元去消费的可能性低。边际消费倾向也是我们需要了解的知识点。

大家要学会问自己：我这么做时边际效用递减了吗？别吃这么多，别买这么多，别点这么多菜，别忘了考虑你的边际效用。

了解边际效用原理，可以使我们更好地分析和解决问题。

第20讲

比较优势

生活中总有些问题会让我们感到困惑。为什么自给自足的小农经济是落后的？为什么人类要有分工，很多事情自己做不好吗？为什么国与国之间有贸易往来？这一讲我们来谈谈比较优势。

什么是比较优势？

大约200年前，有一个叫大卫·李嘉图的经济学家提出了一个经济原则——比较优势。他曾问，两个国家生产的东西相同，它们为什么还要进行贸易往来呢？一个强国又为什么要跟一个弱国进行贸易往来呢？1871年，他提出了比较优势原则，这个原则使人们明白：各国贸易的基础都建立在比较优势上。

比较优势：即使一个国家样样都比别国强，在各方面占有绝对优势，但它也没有必要什么都自己生产。反过来，即使一个国家样样都不如别国，生产的每种产品都没有绝对优势，别人也会有求于它，这个国家也会在贸易中获益。

绝对优势：一个国家无论生产任何产品都比其他国家更有效率，我们就称该国具有绝对优势。

绝对劣势：如果一个国家很穷很落后，生产什么效率都很低，该国就处于绝对劣势。

处于绝对劣势的国家为什么也能进行国际贸易呢？答案就是比较优势。

如果各国按照比较优势来进行分工，在这个基础上进行贸易，那么所有国家都能从中获益。再落后的国家也可以找到自己的比较优势，依靠贸易来发展经济。

200 年前的英国政府认为，英国自己能生产粮食，根本就不需要从国外进口粮食。1815 年，英国政府颁布了《谷物法》，不让英国进口粮食，结果造成英国粮价上涨。此时，大卫·李嘉图提出了比较优势原则。他认为，英国不仅要从外国进口粮食，而且还要大量进口粮食，因为英国在纺织品生产方面拥有的优势比生产粮食的优势大，所以英国应该专门发展纺织品产业，出口纺织品，进口粮食，以获得比较利益。

英国本来可以自己生产粮食，但英国在纺织品生产方面具有比较优势，纺织品的价格低廉。国外进口的粮食比英国自己生产的粮食价格便宜，所以与别的国家进行贸易更划算。

大卫·李嘉图认为，两个国家出口自己具有比较优势的商品，进口自己具有比较劣势的商品，双方都能从贸易中获得利益。这就是比较优势原则。

参与贸易的国家都能从中获利，因为各国各自从事具有比较优势的活动。这也是绝大部分经济学家都提倡国家间进行自由贸易的原因。贸易可以提高各国的经济增长率，为各个国家创造更好的发展条件。

试想如果没有国际贸易，中东国家无法出口石油，中东国家的人民怎么生存？如果美国不出口粮食，美国的农民怎么办？如果日本不出口汽车，日本的汽车企业靠什么生存？国际贸易可以促进各国经济发展。

按比较优势分工可以提高效率

比较优势原则说明，一个人即使非常有实力，具有绝对优势，他也不会参加所有活动，因为他一定在某项活动中不具有比较优势。

例如，一个大学教授一般都会聘请助教，让助教负责辅导学生和批改作业。但教授为什么不自己干这些事情，而要请助教帮忙呢？又如，一个经验丰富的外科大夫，他除了能做手术外，还能护理病人。但外科大夫为什么都要请护士帮忙呢？因为在社会分工中，存在绝对优势和比较优势。

教授和助教、外科大夫和护士这两个例子说明，前者尽管在各方面都具有绝对优势，但后者和前者相比却具有比较优势。

过去的我很忙碌，要带孩子，买菜做饭，缝制衣服，备课教学，打扫卫生，什么事情都要自己干，日子过得很辛苦。后来我把孩子送到学校，把家里的活儿交给保姆，衣服都去商店购买，我只专心做教学这一件事。分工可以让我变得更加专业化，这样一来我赚的钱多了，可以支付工资给保姆，她就可以养家糊口。现在我们两人经济的状况都比过去好多了。

虽然我在做家务这件事上具有绝对优势，但保姆和我相比，在做家务这件事上却具有比较优势。在现实生活中，我们每个人都不是靠绝对优势生存的，而是靠比较优势生存的。

以上这些例子说明，比较优势就是拿自己最擅长的东西去和别人进行交换，这对你和别人来说是双赢。

比较优势与木桶理论

木桶理论是说，一个木桶能盛多少水取决于木桶上最短的那块木板。人也需要提升自己，让自己没有短板。

战国时期的齐国贵族很喜欢赛马，齐王也不例外。有一天，他与齐国的将军田忌赛马。他们各自选出三匹马后，将马分为上、中、下三个等级进行比赛。由于齐王的马都很强壮，因此在与田忌的同等级的马比赛时总能获胜。田忌不服，但自己的马确实比人家的马差。

田忌有一个好友叫孙膑，他知道齐王的马更强一点儿，于是就给田忌出了个主意。他让田忌用自己的下等马与齐王的上等马比，用中等马与齐王的下等马比，用上等马与齐王的中等马比。结果田忌连胜两场。同样的马，只是调换一下比赛的出场顺序，就让田忌转败为胜。

在这个故事中，田忌的三匹马都不如齐王，根据木桶理论，田忌赛马的成绩取决于他最慢的那匹马。这匹马比齐王的任何一匹马都慢，田忌必输无疑。但只是调换了出场顺序，田忌就反败为胜了。

事实上，田忌赛马的故事体现了比较优势原则。田忌的上等、中等、下等三匹马，都不如齐王同等级的三匹马。但田忌用没有优势的下等马对齐王的上等马，再用有比较优势的上等马、中等马，对齐王的中等马、下等马，结果赢得了比赛。这不是改变劣势，而是发挥优势，也就是利用自己的比较优势。随着时代的发展，社会分工越来越细，每个人都不可能掌握全部的技能。和别人竞争时，就是要找到自己的比较优势。

用好你的比较优势

面对激烈的竞争，许多人都想努力补上自己的短板，让自己更有竞争力。其实你的短板通过分工合作就能补上，你可以不仅仅依靠自己，还可以借助他人的帮助。

人类依靠专业分工，创造了大量的财富。虽然有人可能确实各方面都比你强，但你也不要灰心，你要找到自己的比较优势。也许有人会问，怎么做才能提高效率呢？分工合作就可以。每个人都发挥自己的比较优势，把蛋糕做大，这样每个人才能分到更多。分工合作为什么是一件好事呢？因为它发挥了我们每一个人的比较优势。

大家都说自给自足的小农经济不好。为什么不好呢？小农经济中的人们，生活质量不高，效率又很低。假如所有的事情都由自己来干，这跟小农经济又有什么区别呢？ 分工和专业化是未来的趋势。

一个国家的生产效率是怎样提高的？因为有了分工，所以才产生了合作。剩余产品的规模扩大后，人类由农业社会进入工业社会，又进入信息化社会，未来还会进入人工智能社会。社会进步就是由于人们分工合作，发挥了比较优势。各国皆是如此。

贸易所起的作用与战争相反，战争中往往没有赢家，但国际贸易往往会达到双赢的效果，这正是经济学的魅力所在。

大家看，一个经济学概念可以解释这么多事，小到个人和企业，大到国家，有谁不需要发挥比较优势呢。

我们每个人都需要了解和掌握比较优势这个经济学概念，在工作和生活中充分发挥自己的比较优势。

第 21 讲

信息不对称

你可能已经发现了，市面上总有层出不穷的假冒伪劣商品。二手车市场上的好车卖不掉，坏车却卖得快。企业招工时不好的员工会留下，而好的员工容易走掉。这些都是由于信息不对称造成的。这一讲我们来谈谈信息不对称的问题。

什么叫信息不对称？

信息不对称，是指交易中的各人拥有的信息不同。在社会的政治、经济等活动中，一些成员拥有其他成员无法拥有的信息，因此会出现信息不对称的现象。简言之，就是我知道的信息你不知道，你知道的信息我不知道。在现实生活中，信息不对称的现象比比皆是。

工业革命时期，德国的法兰克福有一个叫内森·罗斯柴尔德的年轻人。他于 1800 年来到英国的曼彻斯特，虽然刚来到英国的内森一句英文都不会说，但他却在很短的时间内就成了英国最富有和最具影响力的人之一。为什么他能这么快就获得成功呢？这还要从他们家族的历史说起。

内森的父亲叫迈尔·罗斯柴尔德，是一位犹太人后裔。迈尔有5个儿子，内森是其中之一。他们5兄弟分散在欧洲的主要国家，彼此保持着紧密的联系，罗斯柴尔德家族很早就建立起了一个横跨欧洲的家族专用情报网络，为其配备了专门的人员、马车、快船，随时待命。

1815年，英普联军与法军交战，著名的滑铁卢战役就是在这时发生的。罗斯柴尔德家族密切关注着这场战争的战况，因为谁先知道战争结果谁就一定能赚一大笔钱。如果英普联军获胜，英国的国债就会猛涨，可拿破仑英勇善战，英普联军赢得战争的希望很小。

6月19日，罗斯柴尔德家族中有人率先得到了英普联军获胜的消息。因为当时既没有电话也没有传真和电报，所以他们就从荷兰的港口乘专用快船渡过海峡到达英国，把情报传递给内森。内森接到消息后立刻登上马车，急速赶往伦敦。他得到消息的时间比英国政府早了几个小时，就是这宝贵的几个小时，让内森获得了赚钱的机会。

内森在伦敦证券交易所里有自己固定的席位，而他的脸色就是股市的晴雨表。

6月20日，当人们还在焦急地等待消息时，内森开始在交易所抛售债券，他的这个行为立刻引起了其他人的关注。交易所的人都在议论："内森都抛售债券了，英国人肯定打了败仗，咱们也赶快卖吧！"于是人们都开始抛售债券，也顾不上债券价格的高低了。这种恐慌性的大抛盘使英国债券顿时暴跌。

内森仍然在不动声色地继续抛出。英国债券跌到谷底时，内森悄悄给他派出的几个代理人传递了一个消息，这些人开始大量买入已跌至谷底的债券。所有人都傻了眼，就在这时传来了英普联军的捷报，英国债券价格直线上涨。

内森在几小时内就获利几百万英镑，这笔钱在当时的英国可不是个小数目。内森靠信息不对称赚到了钱，他获得信息的时间比英国政府快了几小时，罗斯柴尔德家族也因此出名。

1996 年，英国一位叫詹姆斯·莫里斯的经济学家提出了信息不对称理论，并因此获得诺贝尔经济学奖。2001 年，美国又有三位经济学家也因为信息不对称理论获得了诺贝尔经济学奖。为什么他们能够获奖呢？就是因为他们发现了信息不对称的重要性。

虚假的股市信息会导致股价上涨，然而投资者追进后就被套牢。买房也是如此，有人听信了虚假信息，买了质量差的房子。老人被哄骗购买保健品也是信息不对称导致的。信息不对称主要表现在两方面：一是逆向选择，二是道德风险。

逆向选择的二手车市场

什么是逆向选择呢？质量差的东西可能很好卖，因为价格便宜，所以消费者会选择它，好的商品反而卖不出去。在二手车市场，卖车的人很了解自己出售的汽车的状况，但买车的人却很难判断哪辆车好，哪辆车差。有的车可能出过事故，零部件有问题。可卖车的人为了把汽车推销出去，可能故意隐瞒二手车的问题。

因为信息不对称，买车的人犹豫不决，想以较低的价格买车，而卖车的人则希望把差的二手车卖掉。结果好的二手车卖不出去，卖出去的都不是好的二手车，这就导致二手车市场难以为继。

劳动力市场也存在逆向选择的情况。由于企业的工资水平是统一的，低素质的员工干得不好，高素质的员工却因为工资低而离开。因此，企业中留下来的未必都是好员工。

在医疗保险市场上，保险公司很难对投保人的身体状况有深入了解，而投保人对自己身体的状况则相对了解。假如保险公司设定了一个费率，风险低于费率的人是不愿意投保的，他们知道自己的身体很好。而投保的全是患病风险高的人，这些人觉得买保险适合自己目前的状况。这种逆向选择会导致保险公司亏损或破产，保险公司不得不对投保人的真实情况进行调查，这会给保险公司带来很大的成本压力。

逆向选择与隐藏的信息有关，不知道信息的人很吃亏。在信息不对称的情况下，另外一种表现是人们会隐藏自己的行动，这样一旦交易双方签订了合同，很容易产生道德风险。

可能遭遇道德风险的保险

什么是道德风险？举例来说，一旦有人买了医疗保险，他就不再爱惜自己的身体，因为他觉得自己有医疗保险。再比如，有人到医院看病，会让医生给他开很多药，做各种不必要的检查，因为不花自己的钱，他也不在意，这是医疗保险可能遇到的道德风险。

假如一个人给车买保险后，就对车毫不在意了，有时不锁车，有时甚至把车停在危险的地方，也不在乎是否可能撞车，因为车出了问题可以找保险公司理赔。

企业和员工签订合同后，如果员工不好好工作，企业又没有惩处的办法，这也属于道德风险。

经济学家给出的建议是，企业和员工最好采取分成制。当企业效益好时，员工也可以得到好处，这样就能降低道德风险发生的概率。

减少信息不对称的方法

我们每一个人都生活在信息不对称的环境中，那应该怎样减少信息不对称的状况呢？

第一，发出信号。主动向别人披露自己的信息，让对方知道。比如工作时要想自己被认可，就要展现自己的优点。这种行为叫作发出信号。如果你想创办一个成功的企业，一定要让信息对称。还是以二手车市场为例，如果你是卖车的人，一直坚持只卖好车，就能取得买主的信任，降低交易成本，扩大销路。

很多企业为了将自己的优质产品与其他劣质产品区分开，往往会提供保修服务，让消费者买得放心。为什么人们都对名牌商品有好感？因为相较于一般商品，名牌商品能够提供更完整的信息，降低买卖双方的交易成本。广告也是如此，那些斥巨资做广告的商品给消费者提供了更多信息，消费者更容易接受。有些餐馆公开了自己的操作间，让顾客看到食物的烹饪过程，目的是让顾客放心用餐。

第二，建立信任关系。解决信息不对称的最好方法就是相互信任。互联网诞生以来，信息成倍增长，信息传递的渠道畅通。比如，美国有一个大型社交网站叫 Facebook（脸书），这个网站给全球 3 亿多人提供了选择性披露个人信息的机会，每个人都能迅速了解自己社交圈内的每个人。脸书最早在美国的校园内流行，它解决了社交圈内的人们想要获取信息的问题，年轻人可以通过这个平台交朋友。

我国近年诞生的大型互联网公司都在做平台相关的业务，比如旅游平台、点评平台、电商平台等。这些互联网平台可以给消费者提供对称的信息。中国未来将会诞生更多这样的创业公司，利用互联网可以解决信息不对称的问题。

第22讲

行为经济学

行为经济学是一门新兴学科，它对传统的经济学提出了挑战。行为经济学能评估每个人在做事时究竟是理性的还是非理性的。为什么丢了100元和捡到100元的感受不一样？有人平时很节俭，“双11”购物节时却控制不住购物欲望呢？这些都与行为经济学有关。这一讲我们来谈谈行为经济学。

对理性人概念的挑战

经济学的开创者亚当·斯密，在研究经济学时假定人们都是理性人，在做消费和投资的决策时都是理性的。理性人的这个概念一直沿用了200多年。可在现实生活中，人们的很多行为又都是非理性的。在美国拉斯维加斯的赌场里，输了的人为什么赌注反而越下越大？我国的“双11”购物节，熬夜购物的人明知这是商家的套路，为什么还买个不停？

20世纪80年代，以丹尼尔·卡尼曼和理查德·塞勒为首的经济学家从进化心理学中获得启示，认为大多数人既不是完全理性的，也不是凡事都从自身出发进行考虑的。他们以此作为理论基础，专门研究人类的非理性行为，行为经济学因此诞生。

1974 年是理查德·塞勒执教的第一年。有一天，他邀请同事参加晚宴。晚宴的开胃菜是腰果，每个客人都很喜欢吃腰果，但他担心客人会因为吃了太多腰果而吃不下正餐，就叫人把这道菜撤回厨房了，客人很认同他的这个决定。塞勒和他的同事对此进行了分析，并得出结论，人都有两种心理状态：希望立即获得满足；理智地权衡现在与未来。

塞勒于 1980 年发表了第一篇行为经济学论文《论消费者选择的实证理论》，他把心理学的分析方法引入了经济学领域，可以说，这是塞勒对经济学做出的最大贡献。

行为经济学的三个主要原理

行为经济学主要有三个原理：损失厌恶、禀赋效应、心理账户。

损失厌恶

一个人做着不喜欢的工作，每天上班就盼着下班，周一就盼着周末，薪水也不高，但他就是不肯跳槽，为什么呢？

从行为经济学理论的角度分析，这个人不是不想加薪，但他更担心换工作后工资不但没有增加反而会减少。因为在他看来，工资减少带来的痛苦的感觉要远高于工资增加带来的幸福的感觉。也就是说，人们对于可能造成损失的敏感度远远高于可能获得收益的敏感度。

丢了 100 元和捡到 100 元的心情是完全不同的。丢钱给人带来的痛苦的感觉会更强烈、更持久。我可以不捡到 100 元，但我不愿意丢掉 100 元。

可是，人为什么会有损失厌恶的心理呢？

从进化心理学的角度来看，人类在进化的过程中，损失一样东西造成的后果非常严重。比如受伤、丢失食物、失去领地等。

虽然人类社会已发展至高度文明的阶段，但人类的身体保留了进化过程中产生的对自己不利的反应。我们的大脑对可能造成损失的事件更敏感。很多公众号、自媒体的文章标题常常使用负面的、危言耸听的词语，以吸引读者的注意。这就是损失厌恶的表现。

禀赋效应

禀赋效应是指，如果你拥有了一个物品，你对该物品价值的评估要比没有得到它之前大大增加。换句话说，你有什么就觉得什么好，这就叫禀赋效应。

经济学家曾做过一个实验。他们把参与者分成 A、B 两组，给 A 组每人一个杯子，并告诉他们："这个杯子归你们所有，你们可以选择将其带回家，或直接把它卖掉。"然后给 B 组一笔钱，并告诉他们："你们可以把钱带走，也可以用这笔钱去购买

A 组的杯子。”

实验的结果是怎样的呢？A 组愿意卖掉杯子的人给出的定价的中位数是 5.79 美元；而 B 组愿意购买杯子的人给出的定价的中位数是 2.25 美元。他们的出价相差了 3.54 美元，为什么会这样呢？

两组人对杯子的估价完全不同。拥有杯子的人认为杯子很值钱，拥有钱的人则认为杯子不值钱。

禀赋效应产生的基本条件是损失厌恶，人们对可能造成的损失的敏感度要高于可能获得的收益的敏感度。其实损失和收益都是相对的。那在生活中，人们是如何界定损失和收益的呢？

人们对某事的态度会受到其初始状态的影响。由于初始状态不同，人们对事物的评价也会完全不同。

在前面的那个实验中，得到杯子的人不愿意低价出售杯子，得到钱的人不愿意高价购买杯子，每个人都害怕失去。这跟他们的初始状态不同有关。同样，股市上某些投资者的行为也被认为是不理性的。有些投资者只卖赚钱的股票，而把赔钱的股票攥在手里，这是股市中的非理性行为。

心理账户

心理账户是行为经济学中的一个重要概念。由于有心理账户的存在，个体在做决策时往往会违背一些简单的经济运算法则，出现许多非理性的消费行为。

假如你花 100 元买了一张电影票，当你走到电影院门口时发现电影票丢了，你会再花 100 元买一张电影票吗？大多数人不会。人们觉得花 200 元买电影票不划算。但假如你想去电影院买票，但出门时发现自己丢了 100 元，你会不会继续买票看电影？大多数人会。因为人们认为丢了 100 元跟看不看电影没有什么必然的联系。

按照理性人假设，人在这两种情况下应该会做出同样的决定。可现实情况为什么跟假设不同呢？

从行为经济学的角度分析，人们的内心都有一个无形的心理账户。人们并不是平等地对待所有的收入和支出，而是会在内心设定不同的账户，它们就像钱包里不同的分层一样。

去菜场买菜时，人们可能会对几元的东西砍价。但一进商场，几百元的东西也不嫌贵。这样小气与大方并存的心理状态就与心理账户有关，人们并不把所有花销都放在同一个账户里计算。

“双 11”购物节快到了，平时你舍不得买的唇膏、皮包、手机，是不是都要等到那天下单？你选择在“双 11”购物节买这些东西，真的是因为这些东西在那天格外便宜吗？不一定。也许只是因为在“平日”的消费和在某个“重要日子”的消费分别被计入了你心中的两个不同账户。

美国的一个金融学教授每年年初都会往自己的一个账户里存一笔钱，他把其称为捐款账户。如果在这一年里产生了任何计划外的开支，他就会将这笔开支从捐款账户中扣除。到年底再看看这个账户里还剩下多少钱，并将剩下的钱全部捐出去。由于这笔钱本来就计划捐出去，所以无论产生任何计划外的开支，都不会影响到他的心情。

其实我们每个人都有自己的心理账户。如果你学会好好利用和管理自己的心理账户，这可以让你的生活变得更轻松。

行为经济学给我们的启示

假如你去买房，房产中介可能会把房子夸得天花乱坠，还会变着花样给你申请折扣。你一听可以申请这么多折扣，一定觉得很划算，想要立刻买房。当你问这个房子有什么缺点时，房产中介大概只会说，这个房子可能地段不是太好，或者建筑结构比较简单。如果房产中介一股脑儿地跟你说了很多细节上的问题，比如这个房子的下水管道不通，墙有点歪，用的水泥也不太好……相信你听完一定不会再想买这个房子。

行为经济学给我们的启示是，好消息尽可能分多次告诉人们，坏消息最好一次性说出，还可以说得婉转一点儿。比如，把下岗说成待业，把裁员说成优化，把减少说成负增长，这样坏消息就更容易让人们接受了。

怎样利用禀赋效应？一个汽车厂商推出了一个方案：买车一周内，不满意可以全额退款。结果没有人退款，为什么呢？因为当人们把车开回家后，就已经喜欢上了这辆车，这就是禀赋效应。人们会想，这辆车属于我了，我是不会轻易退掉这辆车的。商家在这个例子中利用的就是行为经济学的原理。

学习了行为经济学的基本原理后，我们会发现，在日常生活中，到处都能发现行为经济学的原理，尤其在股市和房地产等领域。因此，我们每人都要尽可能地克制自己做出非理性行为，让自己做出的决定更合理。

新理财

如何找到合适的理财方式，让你的资金跑赢通货膨胀？买房还是买股票？买保险还是买基金？投资孩子的教育还是提高自己的人力资本？退休后应该如何理财？根据你所处的人生阶段，选择正确的理财方式。

第23讲

资产配置

资产配置目前还是一个新鲜的话题。21世纪以来，人们发现买房有可能升值，炒股有可能赚钱。人们越来越富裕，家庭资产也越来越多。怎样做好资产配置，让自己的资产保值、增值呢？这一讲我们来谈谈资产配置问题。

资产配置的概念和重要性

资产配置是指根据投资需求将投资资金在不同资产类别之间进行分配，比如股票、债券、房地产、现金、基金、黄金等，既能获取理想回报又能降低风险。

资产配置的概念早在400年前就出现了。西班牙人塞万提斯在《堂吉诃德》中写道："不要把鸡蛋放在一个篮子里。"莎士比亚在《威尼斯商人》中也提出了分散投资的概念。威尼斯商人说：感谢我的命运，我的买卖成败并不完全寄托在一艘船上，更不是只依赖着一处地方；我的全部财产也不会因为这一年的盈亏而受到影响，所以我的货物并不能使我忧愁。今天资产配置的含义，远比威尼斯商人当时所理解的要丰富得多。简单地说，资产配置是你有多少钱，应该放到哪里。

资产主要分为两类，一类是实物资产，比如房产和艺术品等；另一类是金融资产，比如股票、债券、基金等。当一个人考虑配置哪几种资产，每一种资产占总资产的比重是多少时，我们就说这个人在进行资产配置。

关于资产配置的争议一直存在。目前为止，还没有一种只赚不赔的投资理论，资产配置理论也一样。概括来说，资产配置是一种规避投资风险的方法，但是它在控制资产风险的同时可能也会牺牲一部分收益。

资产配置真的重要吗?

在过去，对我国投资者而言，赚钱并不是一件难事，无论是买房还是买理财产品，都能让自己的财富快速增值。那为什么现在人们开始重视资产配置了呢？因为中国的投资渠道少，投资房产会受到政府宏观调控的影响，投资股票风险太大，买黄金也不能保证有稳定收益，银行理财的收益率又太低，所有投资方式看起来都不完美。

因为没有一个资产品种能持续走强，所以如果你只投资单一资产，还想使这种资产具有低风险、高收益的特点，可能性就非常小。在这种大背景下，合理的资产配置就显得尤为重要。

其实投资者关心的只是绝对收益，不关心投资的是什么产品。投资者的核心诉求是，100 万元最后是变成了 110 万元还是 120 万元。如果存在一种高收益低风险的产品（比如说这个产品的年化率是 20% 且无风险），那只需要进行单一投资就好了，没必要做资产配置。而现在“高收益、低风险”的投资根本就不存在。

大家都明白不要把鸡蛋放在一个篮子里的道理，那么究竟应该把鸡蛋放到几个篮子里？每个篮子里又应该放几个鸡蛋呢？这才是资产配置问题的核心。资产配置就是要选择不同的篮子，并计算每个篮子里放几个鸡蛋。篮子就是资产，鸡蛋就是资产比例，把鸡蛋放入不同的篮子就是资产配置问题。

上海的房地产市场在 2001—2016 年的这 15 年间，平均年化复合收益率达到 16%，上海房地产市场的高回报率众所周知。但有人意外发现，股票型基金的投资收益率竟然也能达到 16%。

有人会问，我是买房子还是买股票型基金？如果你是一个保守型的投资者，可能会把钱全部投资在房产上，这就是把鸡蛋放到一个篮子里。其实与其选择只投资房产，不如适当地进行资产配置，既买房也买基金，这样的资产配置更合理。

资产配置的方法

资产配置有多种方法，以下介绍两种常见的资产配置方法。

按家庭需求进行资产配置

美国一家叫作标准普尔的权威金融分析机构设计了一张家庭资产图表，把资产按照不同用途进行划分，分为四部分：

第一部分是日常生活必需的钱。这是短期内要花的钱，通常是 3~6 个月的生活费，如日常生活中用于购物、交通、旅游的费用。

第二部分是救命的钱。用于意外事故或重大疾病，要专款专用。这部分钱适合买保险或是作为定期存款。

第三部分是投资的钱。这部分钱是为了获得收益，可以买股票、基金、房产等，高收益和高风险并存。

第四部分是保本的钱。要求安全、稳定，可以买养老金和教育金。这是低风险和低收益的资产。

这四部分钱各占多少比例依家庭收入情况而定。

按年龄来做资产配置

30 岁刚成家立业时，用于日常生活和抚养孩子的钱是必须要留出来的，有点儿闲钱你可能还想外出旅游。但是，这时你还要考虑买保险和给孩子存教育经费。

40 岁时，积累了一定的财富，你可以开始理财，购买基金、房产、保险、股票等，这一阶段你可以承受较高风险的投资理财产品。

50 岁时，你就需要考虑资产配置的问题了。高风险和低风险类的资产都要配置一些。

60 岁时，你要考虑退休后如何理财。这时虽然你的积蓄较多，但没有太多精力来理财，你只能选择保守型的资产配置方法。

人们在年轻时可以选择风险大、收益高的资产，试错成本较低。随着年纪的增长，人们要选择风险小、安全性高、有保障的产品。

当一个人拥有很多资产时，他不在意每年是否多赚资产总额的 1%~2%，但他会担心一觉醒来资产减少 10%。所以我们常说，每个人到了中年都需要有意识地学习进行资产配置。

资产配置的步骤

资产配置的第一步是拿出你的闲钱。闲钱指的是短期内没有明确用途，未来 3~5 年都用不到的钱。

资产配置的第二步是找到大概率事件。我们经常会碰到这样的情况，前几天的投资热点今天就无人理睬了，投资不可能做到万无一失。有人可能通过炒股，半年时间资产就翻了一倍，但这样的事件是小概率事件。与其羡慕小概率事件，不如投资长期上涨的股票型基金 ETF，这就属于大概率事件。

资产配置的第三步是提高收益和降低风险。在投资时，有一个经典的不可能三角：收益、风险和流动性。这三个要素不可兼得。但这是针对单一的投资而言的，如果合理进行资产配置，既能降低投资风险，又能提高投资的整体收益。

进行资产配置之所以可以降低风险，就是因为资产之间具有不相关的特点，当然，现实生活中很难遇到完全负相关的两类资产。巴菲特的老师本杰明在《聪明的投资者》一书中，给出了一个投资方案。用50%的钱买ETF，剩下50%的钱买债券，因为股票和债券的相关性较低。在经济景气时股票类投资升值，经济不景气时债券类投资升值，两者的相关性低。

海外资产配置

海外资产是指在海外进行的投资，包括货币、有价证券、实物、知识产权、技术、股权、债券等。为什么要做海外资产配置呢？原因有三点：

第一，对冲政治风险。目前，中国是一个比美国赚钱更容易的地方，但我国的富裕人群却热衷于进行海外资产配置。

第二，对冲汇率风险。为了降低人民币贬值的风险，我国越来越多的中产阶层家庭，都把美元作为一种资产来进行配置。

第三，避税。富人进行海外资产配置的一部分原因是合法规避收入所得税。

海外资产配置的途径

第一，开设一个美股账户。国内很多券商都可以开设美股账户，投资者可以通过买美国股市的股票来获得收益。

第二，开设一个沪港通或深港通的证券账户。在全球资产配置中，香港股市是非常重要的。

第三，购买香港保险。这是内地许多高净值人士的选择。购买养老保险还可以合法规避遗产税。海外保险又叫海外年金，它会按照投保人的保额每年给其分配红利。

第四，海外置业。中国人的海外资产中，最重要的就是房产，但在国外买房要注意可能存在的风险。

第 24 讲

房产

购置房产是一个经久不衰的话题。房产在中国人的资产配置中占了很大比重。大多数人买普通住宅是因为有刚性需求，买写字楼和商铺则属于投资需求。究竟是用现金买房好还是贷款买房好？是在国内买房好还是在国外买房好？买房要考虑风险和收益。在通货膨胀时，如果你有钱，可以购置房产。这一讲我们来谈谈房产问题。

房产有哪些功能？

首先，房子主要就是拿来住的。既然买房是一种刚性需求，那早买就比晚买好。有人想等到房价降下来再买，但房价越涨越高了怎么办？有些人看着房价一步步涨上去，错过了很多买房的机会。有的现在还在观望，想等房价跌了再买。如果是刚需住房，我认为任何时候买都不会错，早买比晚买好。你的资产配置中最好要有房产。

其次，房产还有投资功能。无论买住宅还是写字楼或商铺，都有投资的功能。房子可以居住，可以出租，还可以保值，又能对抗通货膨胀带来的风险。

如果你有一笔钱，放到哪里最安全呢？有人可能会说，存在银行最保险，想花的时候马上就能取出来，这也不无道理。但如果你有很多钱，这样做就不划算了，为什么呢？因为各国都有不同程度的通货膨胀。银行的存款利率一般都是该国的通货膨胀率。如果存款利率是 1.5%，而通货膨胀率是 2%，放在银行里的钱是会贬值的。相对保险的方式是投资房产。

自 2008 年美国爆发金融危机以来，各国政府为了救市，都采取了宽松的货币政策，大量的钱从银行中流了出来。那等待我们的是什么呢？就是未来发生的通货膨胀。作为普通百姓，我们没有能力改变这件事，那该怎么办呢？大家可以投资房产，因为房产可以对抗通货膨胀带来的风险。

买房要考虑的因素

房产有三种类型：住宅、写字楼、商铺。

买住宅时，主要考虑生活方面是否具有便利性。要先考虑孩子上学、老人就医是否方便，然后再考虑房子的升值空间。你要问自己：这里的交通是否方便？有学校和医院吗？社区服务好吗？周围有商业配套设施吗？这些都是房产是否升值的关键。比如，小区附近有一个地铁站，人们出行很方便，小区周边有学校、医院、银行、商场、购物中心，还有很多餐饮店，生活便利，这就属于稀缺性的房源，应该尽量选择这样的房源。

如果你已经有了一套住宅，还想投资房产，就要考虑投资回报率了。投资写字楼主要看其是否具有稀缺性。有人买了写字楼后发现租不出去或租金很低，这说明你买的写字楼不具有稀缺性。要买稀缺地段的写字楼。

现在我国一线大城市的写字楼，特别是城市中心的5A级写字楼（拥有通信、办公、消防、安保、自动化系统及楼宇自动控制系统的写字楼）非常稀缺，这样的地方租金高、位置好，是稀缺资源，未来有升值空间。商铺、写字楼和住宅不一样，它们具有一种特殊的功能——投资功能。有人也许会说，买住宅也可以作为一种投资手段。是的。但只要你一直住在房子里，不将其出租也不卖，房产的升值与否与你的关系不大。

那么，买商铺要考虑什么呢？

第一，位置和人流量。商铺最重要的是地段，这是买商铺的黄金法则。人流密集的地段，商铺好赚钱，就有升值空间。比如，一大片社区里有很多住户，周边没有多少商业配套设施，人们会就近解决生活问题。如果社区周边没有洗衣店、面包房、咖啡馆、餐饮店等，在这里经营就有赚钱的机会。买商铺时应该选择地铁上盖、地铁口、高铁站、公共汽车站等地点，这里的商铺有升值空间。

第二，买哪里的商铺能赚钱？这要看商铺和住宅的比例。如果开发商在建楼时只建了5%的商铺，其余都是住宅。商铺很少很稀缺，这样的商铺好出租也能赚钱。但如果开发商在一个地方盖的商铺太多，供过于求，商铺租金就上不去，买商铺投资就不赚钱了。

第三，商铺需要时间“养”。它不像住宅，马上就能租出去。商铺要养上几年时间，等到商业氛围成熟。刚开始时，商铺的租金很低，有可能暂时租不出去，要赔几年才会达到收支平衡，之后才会赚钱。所以，买商铺前要做好心理准备 。

有人问，现在电商这么发达，未来还需要商铺吗？其实经济越发达，人们越富裕，城市中心的商铺就越值钱。商业永远是必要的，只不过商业的形式变化了而已。为什么呢？因为我们想看场电影，喝杯咖啡，找朋友聚餐，必须到城市中心的繁华地段去，那里有商业氛围，人群愿意聚集到那里。所以商业中心是不可或缺的。

统计数据表明，我国线上电商成交额只占到总零售成交额的 20%，也就是说，我国 80% 的商业还是在线下完成的。商铺还会继续存在。

投资房产时需要考虑什么？

投资房产时需要考虑两个主要因素：租金和溢价。

首先看租金，如果你想投资房产，一定要看租金情况，再看房产的投资回报率。无论你是买写字楼还是买商铺，都要考虑租金是否合适。

当你的资金很充裕时，你可以投资商业地产，否则就不要考虑。因为一旦买入商业地产，可能需要3~5年才能赚到一点儿钱，但几年后情况可能会越来越好，因为租金是纯现金流。

商业地产投资是长线投资，短期内得不到回报是大概率事件。很少有人短期内就能获得收益。因此，要看你的期望是什么。如果你想短期内获得高回报，就别买商铺。赚钱最快的是股票投资。凡是投资回报率高的产品，都是风险大的产品，赚钱容易，赔钱也容易。

我们每一个人在投资时，都要分析自己是个什么性格的人。如果你喜欢冒险，不一定要投资房产，可以尝试一些投资回报率更高的产品。

其次要考虑的因素是溢价。什么叫溢价？比如，10年前你买一套房子花了100万元，现在房子涨价了，涨到了200万元，房子就溢价了1倍。在北京、上海、广州、深圳等大城市，溢价3~5倍的房子不胜枚举。

如何投资房产？

关于如何投资房产，我给出了如下建议：

如果我是一个初入职场的普通上班族，那么我会首选租房。因为有工作不稳定、收入不稳定等原因，所以可能存在随时搬家的情况。

如果我攒够了首付的钱，有能力进行月供，我会买一套中等价格、交通比较方便的住宅。我还会选择一个贷款时间长的方案，尽量减少每月的还款负担。因为我的未来收入具有不确定性，而通货膨胀也呈上升趋势，在通货膨胀时，欠债的一方是受益方。

如果我手上有一笔钱，够买一套房，我会一次性买下一套容易出租的住宅。我不太在乎房价的涨跌，买房可以抵抗通货膨胀带来的风险，还可以分担其他投资领域可能的风险。如果我手上有两套以上的住房，即使房价有下降趋势，我也不急于卖出。因为此时卖房的人较多，并不是卖出的好时机，卖出后的这笔资金也没有更好的用处。

如果我有钱，不会投机性地买房，因为眼下政府正在收紧房地产市场，房地产市场具有很大的不确定性。中国目前的房地产市场，是一个适合投资而不适合投机的市场。

还有人问，我可以到国外买房吗？我的观点是，如果你不去国外居住，最好不要到国外置业。首先是出于安全的考虑，其次，国外住房市场的租售比并不乐观。但如果你的孩子在国外定居，或者你今后有移民计划，就可以考虑在国外买房置业。

有人问，房地产市场的泡沫破灭了怎么办？房产税会不会加重购房负担？当然，这些不确定的风险都存在。但从经济学的角度来看，权衡利弊之后，你能够做出最优的选择。不要只做一种投资，你可以选择买基金，还可以选择买保险，根据自身实际需求，综合配置个人或家庭资产。

第25讲

基金

基金是什么？它是如何发展而来的？如果想理财，可以购买基金吗？基金应该怎样选择，又该注意哪些事情？这一讲我们来谈谈基金。

基金的由来

基金是由英国人发明的。19世纪中叶后的美国是一个充满机会的新兴市场。1873年，英国的利率非常低，而美国的利率却很高，美国正在进行战后重建，赚钱的机会很多。许多英国人都想去美国投资，但他们的资金有限，无法支付去美国投资的费用，只能望洋兴叹。

这时，有一个叫罗伯特·富莱明的英国人发现了商机。他发明了一种特殊的金融工具，叫作共同基金。通过发行基金的股份，把英国中小投资者的钱集中起来，交给那些熟悉美国股市的专家，由他们来投资。第一家投资基金创建于1873年。第一次将基金股份向公众出售时，由于购买者过多，股份被重新设置以满足更多人的需求。

没想到，罗伯特·富莱明的创意就像一粒火种，迅速在金融行业传播开来，基金公司应运而生。20 世纪 20 年代，基金在美国发展起来，各种类型的基金都出现了。1980 年，美国有 6.25% 的家庭购买基金，现在约有 50% 的家庭购买基金，基金占到美国家庭资产配置总额的 40% 左右。基金已经成了一种大众化的投资工具。现在基金的资产规模已远远超过银行的资产规模。我国目前的基金数量约有 5 000 只，比上市公司的数量还多。

我们可以给基金下一个定义：基金就是集合众人的资金，由职业经理人集中管理投资，创造更高的投资回报，分给投资者的投资形式。也就是说，投资者不需要自己购买股票、债券、外汇，只需要把这些投资方面的事交给专业人士就可以了。当然，投资者要支付一定的基金管理费。

基金的分类

基金一般是指共同基金，它是任何人都可以申购和赎回的基金类型。为了让基金有保障，基金经理的操作会受到一定的限制。

普通人买不到的基金叫作私募基金。私募基金是指以非公开方式向特定投资者募集资金，并以特定目标为投资对象的证券投资基金。也就是说，它是高净值人群才有机会购买的基金。私募基金的操作没有限制，好的私募基金的表现非常好，差的私募基金的表现也非常差。私募基金的风险很高，只有高净值人群才有承担这种高风险的能力。目前世界上最著名的私募基金包括黑石、新桥资本、摩根士丹利、摩根大通、高盛、美林等。

共同基金分为封闭式基金和开放式基金。

什么是封闭式基金？封闭式基金是有规定的。例如，我国规定，至少要有 1 000 个投资人和 2 亿元的资产规模才能成立封闭式基金。这种基金在规定的时间内，投资者认购满为止。基金宣告成立后，就不再吸收其他投资者了。封闭式基金是封闭式运作的，它有固定的存续期，可以像买股票一样购买，需要有证券账户，一般是在证券交易场所进行上市交易，投资者可以通过二级市场买卖基金。

什么是开放式基金？基金宣告成立，还欢迎其他投资者买进或卖出，这种基金就叫作开放式基金。开放式基金通过银行、证券公司、基金公司申购和赎回，基金的规模不固定，买开放式基金的人很自由。

投资者该如何购买基金？

普通投资者购买基金主要有以下五种方式：

第一，货币基金。它的特点是稳健。如果你的投资策略相对保守，最适合买货币基金，基本不会亏损，它可以跑赢活期存款的利率。为什么这样说呢？因为货币基金主要投资大额存单、期限小于 365 天的债券、协议存款等。这种基金具有高安全性、高流动性、稳定收益性的特征。

第二，债券基金，又称债券型基金，是指专门投资债券的基金，它通过集中众多投资者的资金，对债券进行组合投资，以寻求较为稳定的收益。它的特点是可以对抗通货膨胀带来的风险，适合中老年人购买。如果你偏爱稳健型的投资，可以选择债券基金，因为它能跑赢通货膨胀。在国内，债券基金的投资对象主要是国债、金融债和企业债。通常，债券为投资人提供固定的回报，到期还本，风险低于股票，所以相较股票基金，债券基金具有收益稳定、风险较低的特点。

第三，股票基金，是指投资股票市场的基金。它的特点是收益较高。这种基金最适合年轻人和愿意承担较大风险的人购买。你要确保有一笔长期闲置的资金。由于股票基金买的都是股票，因此具有高风险、高收益的特征。

第四，指数基金，俗称大盘股。股神巴菲特也推荐大家购买指数基金。它以特定指数为标的基金（如沪深300指数、标普500指数等），优点是费率低、收益稳定。

第五，混合基金，是指同时投资股票、债券和货币市场等工具，没有明确投资方向的基金。它的风险低于股票基金，预期收益高于债券基金。它是一种可以在不同资产之间进行分散投资的工具，比较适合较为保守的投资者。

如果你是一个普通投资者，可以购买指数基金、股票基金和混合基金。如果你的资产达到一定规模，就可以考虑购买私募基金。

投资基金的优点和缺点

投资基金的优点

第一，节省研究和管理的时间。如果你有钱，但没时间研究投资，投资基金就等于花钱雇专业人士帮你管理资金。基金经理有优势，可以选出很多好的产品。曾经有人问 J.P. 摩根："我买了股票以后就睡不着了，该怎么办？"摩根说："把股票卖掉，直到你能高枕无忧为止。"投资是为了让生活变得更好。如果投资让你失眠，就大可不必再投资。之所以选择基金，也是因为有了专业人士的帮助，可以节省你的精力。

第二，基金可以使投资多样化。如果购买股票，由于时间、精力和资金的限制，只能买一只或几只股票。但基金不同，基金的种类非常多，有股票、债券、房地产等。基金的规模庞大，可以分散投资风险，还可以随时赎回。

投资基金的缺点

第一，投资者的掌控程度低。把自己的钱交给别人管理，虽然轻松了，但你必须放弃对基金的控制权。

第二，交易成本比较高。投资基金要交纳一定的管理费。

当然，投资基金的优缺点也是因人而异的。比如，一个月收入超过 100 万元的企业老总，他没有时间研究投资，宁可多付一点管理费让人管理自己的资产，这样可以节省自己的时间。又比如，一个工薪族，他的工资虽少但时间多，他会倾向自己管理资产。

购买基金时要注意的事情

第一，购买基金有风险。人们都认为在银行购买的基金不会有风险。事实上并不是这样的，基金是基金专家代你理财，同样具有风险。

第二，购买基金时不能只图便宜。有人倾向选择价格低的基金，其实应该看基金的收益率进行选择，而不是看基金价格。

第三，新基金不一定是最好的。有人只买新发基金，以为只有新发基金是最便宜的。其实，老基金比新基金更有优势，购买基金时应首选老基金。

第四，购买基金时别看分红多少，要看基金净值的增长率。

第五，不要只盯住开放式基金，还要关注封闭式基金。因为封闭式基金的资金利用效率要远高于开放式基金。

第六，投资基金时，你要考虑长线投资。你要相信专家的理财能力，不要像炒股票一样去炒基金。

关于基金的几个问题

投资基金的收益如何？

一般来说，股票型基金长期来看会有 6%~8% 的回报率，债券型基金长期来看会有 3%~4% 的回报率。

购买基金时我们该听谁的？

这里给大家举两个例子：一位女士持有的基金一年涨了40%，她很纠结，因为不明白到底该继续加仓还是卖了该基金。另一位男士购买的基金几个月就跌了10%，他很犹豫，不知是该趁机补仓还是赶紧止损走人。

因为投资市场瞬间万变，难以预测一只基金未来的走势，所以．购买基金时应当听自己的。

购买基金前要花很多时间研究吗？

不需要。购买基金时你已经支付了相关的管理费用，这意味着会有专业的基金经理为你研究基金，因此，自己不需要花费过多时间进行研究。

买基金会不会赔钱？

答案是：难免会遇到。在投资市场中，没有人稳赚不赔。

因此，在选购基金时，我们应当挑选过去业绩相对不错的那些基金。

第26讲

保险

有人可能会问，为什么要买保险呢？我过去没买保险不是也活得很好吗？这个观点已经过时了。买保险不是为了赚钱，而是为了规避风险，保险同时也是理财的一种方式。这一讲我们来谈谈保险。

保险资产的配置

保险主要有两大类：一类是人身险，也叫寿险；另一类是财产险。

保险资产该如何配置？不同的人配置的方式不同，买保险的顺序也不同。是先买人身险，还是先买财产险呢？你一定会说，当然先买人身险了，人最重要，生命最重要。人身险又包括养老险和医疗险。我的观点是，先买养老险，再买医疗险。为什么？因为每一个人都会老去，但并不是每一个人都会生病。

你在买了人身险以后，要是还有富余的资金，可以再买财产险。这一点，企业负责人尤其要考虑，一旦企业发生问题，保险可以作为立在企业和家庭之间的一道防火墙。

买保险要有先后顺序，要根据自己的财富情况来配置保险，这是一个渐进的过程。买保险的最终目的是对冲风险。

商业养老保险

有人问，我们已经支付了养老金，为什么还要买商业养老保险呢？

中国是一个未富先老的国家，我国已经进入老龄化社会。政府发放养老金的压力也将越来越大，养老金空账的现象时有发生，我国未来的社会养老金可能不足以支付给那么多老年人。那怎么办呢？每个人在力所能及的情况下，应该购买一份商业养老保险，为养老增添一份保障。

此外，养儿防老的观念过时了。年轻的“80后”“90后”都是独生子女，他们没有过多的时间和精力照顾老人，养老问题要靠自己解决。中国人要转变观念，把保险作为一种养老的补充手段。

还有人问，我自己存钱养老就可以了，为什么要买养老保险呢？存钱养老和买保险养老是不一样的。自己存钱的不确定因素太多，定期存款几乎难以跑赢通货膨胀。谁都不知道自己的寿命有多长，假如你购买了商业养老保险，保险公司会负责支付保金，只要你活着，都会支付。

所以，当你年轻、有能力的时候，一定要未雨绸缪，为自己买一份商业养老保险。

医疗保险

我在国外留学时发现，凡是买了医疗保险的人都不担心生病，没买医疗保险的人总是担心自己生病了该怎么办？统计数据表明，人在生命的最后几年支出的医疗费，是过去几十年看病费用的好多倍。因病致穷的现象在我国比比皆是。

医疗保险的原理就是每人拿出一部分钱，接济那些得了病的人，让他们有钱看病。用那些健康的人的保费给患病的人支付医疗费。

有一位在天津经商的李先生，经过多年打拼，赚了一些钱。2013 年春节期间，他带着家人去香港旅游。他在香港结识了一个保险代理人。刚开始，李先生并不认为保险重要。经过几次沟通后，2013 年 8 月，他买了一份保额为 50 万元的重大疾病和医疗保险。保险代理人不断跟进，2014 年 1 月，他又买了一份保额为 300 万元的人寿险产品。

2014 年 12 月，李先生到外地出差时突然感到头疼，后被确诊为脑肿瘤，他立即进行了手术治疗，手术和 2 个月的康复治疗花费几十万元。

其间，香港的保险代理人帮李先生申请了重大疾病保险的理赔，李先生得到了保险公司赔付的 50 万元重疾险，随后又得到了医疗险赔付的 8 万元。

几年后，李先生的脑肿瘤复发，病情加重，不幸于2017年4月去世。在被保险人身故后，保险公司迅速赔付受益人300万元的身故险。李先生的女儿在接到这300万元时泪流满面。试想一下，如果李先生没买这个保险，他的女儿该怎么办？

购买医疗保险的好处是，当被保险人罹患重大疾病时，不用担心医疗费，家庭也不至于陷入经济困境，一旦出现意外，家人也可以通过保险获得补偿。

保险可以作为一道防火墙

一个国家的经济发展是具有周期性的，有高峰期，也有低谷期。企业同样如此，经营好时企业赚钱，经营不好时企业赔钱。一旦遭遇经济低谷期，企业经营困难，有债务违约、资产纠纷等问题，法院可以查封厂房，查封企业的银行账户，唯一不能查封的是保单，因为保单受法律保护。如果企业法人代表购买了个人保险，就相当于在企业和个人之间修筑了一道防火墙，不会因为企业出了问题，就导致个人家庭生活出现困难。

某人1992年大学毕业后，先是跟着自己的哥哥从事建筑施工的工作，之后开始自主经营，几年后成为千万富翁，过着富足的生活。

1993年，有保险代理人请他买保险。他说，像我这样的人需要买保险吗？我赚的钱一辈子都花不完，我不需要保险。保险代理人费尽口舌，他终于买了一份150万元的保险。财大气粗的他一口气就把 150 万元都交齐了。

没想到天有不测风云。1998 年的亚洲金融危机让他几乎在一夜间变得一贫如洗，上亿元的工程款无法收回，外债也欠了 8 000 万元。为了还债，他卖掉别墅、卖掉豪车，卖掉所有资产来还债。

公司破产后，他想，自己该靠什么活下去呢？他突然想到自己买了保险，可以每年领一笔生存金。这份保险让他活了下来。2000 年，他开始第二次创业。2005 年，工程欠款慢慢回笼。2010 年底，他东山再起，经过 10 年时间，家庭资产已达上亿元。他现在每年都拿出 200 多万元来买保险，在一次朋友聚会上，他谈了对保险的三点认识：

第一，保险可以抵御风险，但无法获得暴利。

第二，遇到经济困难时，保险还可以保护家庭。

第三，保险能给人带来心理慰藉。

对于高净值人群而言，打造一个成功企业需要很多年，但企业倒闭可能只是很短时间内就会发生的事。没有买错的保险，只有不买保险的错误。

买保险时需要注意什么？

第一，被保险人首先应该选择那些作为家庭经济支柱的人。假如你的收入已达到中产的水平，就需要买保险，因为买保险和买房一样重要。一场大病就可以拖垮一个中产家庭。现在我国中产人群是买保险的主力军。

第二，要选择大的保险公司，大公司相对更有保障。

第三，要选择适合自己的产品。购买保险时要认真思考自己的真正需求，要有针对性，想明白自己到底需要什么。很多保险看似什么都能保，其实什么都保不了。保险行业的水很深，如果不谨慎选择的话很容易掉坑里。

第四，要写好受益人，并及时告知家人朋友，以确保受益人在第一时间得到理赔。

第五，保险最重要的是保障功能，而不是理财功能。买保险不是为了赚大钱，而是为了对冲风险。有人认为买了保险不出事就亏了，这种想法是极其错误的。没有人会这样问：我买了一辈子医疗保险，到老了怎么没生病呢？买保险的人不会因为没有生病而感到遗憾，反而会庆幸自己没有得病。

第六，每个人在资产配置中都需要增加保险这一项。在你的理财产品中可以没有房产、汽车、股票、债券等，但不能没有保险。

中国人需要提高保险意识。发达国家平均每个人有 5 张保单，中国人是平均 5 个人只有 1 张保单。但随着我国经济的发展，富裕的人越来越多，买保险的人肯定也会越来越多。

第 27 讲

股票

中国股市走过了跌宕起伏的 30 年，你该怎样买股票？炒股时又该注意些什么？这一讲我们来谈谈股票投资。

股市的基本知识

股市是什么？股市是融资场所。股市投资和银行存钱不一样，银行存钱属于间接融资，如果银行在外投资赔钱了，你存在银行里的钱，银行也必须还给你。但是如果你买股票赔了钱，就要自己承担损失，因为股票是直接融资。你买的是上市公司的股票，公司赚钱你跟着赚，公司赔钱你跟着赔，公司倒闭你也会有损失。股市是有风险的场所，所以我们常说“入市需谨慎”。

股票与房产不同，买房产是相对保险的投资，而买股票有风险。把钱存入银行是风险最低的理财方式。那为什么人们还愿意买股票呢？因为买股票能获得更多的收益。比如，银行的存款利率是 3%，股票分红的股息可能达到 5%，甚至更高。股市对发行股票的人来说风险小，对买股票的人来说风险大。

买股票是一种风险很大的投资，你要评估自己的风险承受能力，你可以承受多大的损失？当赚到钱时，不要欣喜若狂，要保持清醒，也许行情会急转直下，你需要快速做出判断。当赔钱时，也别恐慌，可以耐心等待行情好转。股市的行情瞬息万变，我们必须充分了解股市的基本知识，保持良好的心态，谨慎入市。

怎样配置股票资产？

人们应该拿出多少钱来炒股？我不建议投资者把全部积蓄用于炒股，炒股的风险很大，万一赔了怎么办？。如果可以支配的资金比较少，应该怎样买股票？有人问，我对股市一点儿都不了解，没有多少钱，我该怎么炒股呢？

假如你只有 1 万元，那就选一只股票，分次买入，高抛低吸，把股票的成本降下来。例如，你花 10 元买了一只股票，股票涨了卖出一部分，股票跌了再买进一部分，逐渐降低你的持仓成本，最后在每股 5 元时，使你的持仓成本低于股票的市场价，你就可以赚了钱再退出。

如果可以支配的资金比较多，又该如何配置股票呢？假如你用 100 万元来炒股，你就需要考虑如何合理配置股票，股市里有大盘股、小盘股和科技股，有高风险的股票也有低风险的股票。

小盘股股票的价格变动大，可以进行短线投资，快进快出，如果你选择大盘股和科技股，可以做长线投资，要耐心等待企业成长。

2015 年时流传着这样一个笑话：一个人进入股市时，他投入的钱可以买一辆奥迪车，经过一段时间，只能买一辆奥拓车，等他从股市出来时，就只能买一盒奥利奥饼干了。在熊市中，这样的例子比比皆是。

假如你有 10 万元资金并计划入市，建议你分批次购买股票，同时要留下 1/3 的现金，不建议满仓操作。因为一旦亏损，你还可以做 t+0。这是什么意思呢？在中国的股市中，第一天买入股票，第二天才可以卖出，如果你的仓里有 3 000 股的股票，就可以在边际上卖掉 1 000 股，再买进 1 000 股。高抛低吸，这样可以降低持仓成本。

如何选股？

第一，选行业。要选择未来有发展前景的公司的股票。可以选择消费类、文化类、资源类、环保类、养老类、保险类、旅游类、大健康、互联网、人工智能等类型的股票，这些行业未来的发展前景较好。

第二，选个股。要选择行业的龙头股票，它的保险系数相对更高。选行业中排名在前三的股票，不必选择排名第一的股票，因为它的业绩有可能是人为做出来的。

第三，买业绩好的股票。看企业的业绩和前景。无论股市有多大波动，这些股票都抗跌。你要通过分析比较买一只好的股票，等公司股票分红，并长期持有这只股票。

第四，买看得懂的股票。多数人全然不知一只股票的业绩如何，只靠听到的消息炒股。在这里给大家强调，要买自己看得懂的股票，这样拿着股票心里才踏实。

第五，少买几只股票。不建议股市新手同时持有多只股票。如果买进多只股票，就存在有的股票赚钱，有的股票赔钱的情况。这样，到年底一看还是不赚钱，这是因为股票之间对冲了。

第六，少买几只股票。不建议股市新手同时持有多只股票。同时购买多只股票会占用投资者过多的精力，而且有稀释利润的风险。

如果没有经过仔细研究，可能一不小心买了垃圾股，没有业绩支撑的股票都是炒作起来的股票，有时能把一只股票的价格炒到天上去，最后再跌到一钱不值，这是股市中的陷阱。所以，选择个股要慎重。我国的股市中，只有 10% 的人赚钱，20% 的人不赚不赔，70% 的人都在赔钱。可是每一个投资者都认为自己属于股市中那赚钱的 10%。

有人发现，大盘股不赚钱，股价总也不动；小盘股非常活跃，可以赚钱。其实他不知道，有些小盘股存在人为操纵的情况，如果不小心买入这样的小盘股，有涨得快的时候，就有跌得惨的时候，这里面有很多坑，投资者千万要小心。

投资股市，不在于何时买入股票，而在于何时卖出股票。

什么时候买入股票都不为错，不会选择卖出股票的时机是最大的错。其实很多投资者在股市里不是没有赚到过钱，他们只是没在股票位于高点时卖出，坐了一趟过山车。

炒股时要注意什么

第一，炒股时要注意加杠杆的风险。所谓加杠杆指的是借钱炒股。在 2015 年的那场股灾中，凡是加杠杆的投资者都出局了，那些没有加杠杆的投资者，还有翻身的机会。假如你手握 30 万资金，想入市赚快钱，就加杠杆 10 倍，赚钱的概率是 10 倍，赔钱的概率也是 10 倍，只要跌停 10% 就会赔掉全部本金。因此，我们说，股市本身就是一个充满风险的市场，加杠杆就是放大风险，你想得到高额回报，一定要有承担风险的能力。

第二，只用闲钱炒股。股市中不乏有人卖房炒股，这些人往往会输得一无所有。

第三，股灾来了要及时撤离。很多人都有侥幸心理，相信股价还会涨回来，甚至有人在股价下跌时还在不断加仓，导致全部资金被套牢，几年都不能解套。所以，一看到行情不好，别恋战，立刻出货，否则会赔得更惨。

面对倒下的牛市，很多人无法理解，牛市怎么突然就消失了呢？股市就是这样，投资者需要有逆向思维。

学会判断股市趋势

学会看宏观趋势。任何外部变化都会影响股市，比如经济危机、金融危机、战争、瘟疫等。

学会看利率的高低。利率低时对股市有利，利率高时对股市不利。

学会看股价指数。例如，现在美国道琼斯股指为 26 000 多点，处于高点，而中国上证指数为 2 700 多点，处于低点。这样看来，美国股市的风险大，中国股市的风险小。

学会看公司经营状况。你需要对行业和企业趋势有所了解。学会判断公司经营状况的好坏，才能选对股票。例如，腾讯股票在香港上市后涨了 100 倍，就算当时你以 3.8 元的价格买了，你拿得住吗？拿得住的人看的是互联网产业趋势。

股市投资是否赚钱，取决于你的分析和判断能力。风险不可怕，关键是要控制好风险。

既然股市充满风险，为什么还有这么多人进入股市呢？因为股市中有很多机会。国家需要股市，它是一个融资场所，企业发展需要资金，它又是一条融资渠道。

第28讲

黄金

大家都知道黄金是一种贵金属。那黄金究竟有什么作用？各国政府都购买黄金，将其作为外汇储备，个人理财可以购买黄金吗？这一讲我们来谈谈黄金。

黄金的历史

在黄金没有被发现之前，人类都是以物易物。后来，人们发现用黄金做交换媒介很好，因为它体积小、方便携带，质地均匀又便于切割，因此黄金在很长的时间内都被当作货币。

人类对黄金有着天然的崇拜。15世纪末，哥伦布航海就是为了寻找黄金，却意外发现了新大陆。人类为什么这么崇拜黄金呢？也许因为黄金是财富的象征。

随着社会的发展，经济规模的扩大，黄金变得不够用了，人们想出了用纸币代替黄金的办法。美国政府答应发多少美元，国库里就储备多少黄金。这就是金本位制。

最先采用金本位制的是英国。第一次世界大战后，英国由于黄金储备不足，就放弃了金本位制。第二次世界大战时，整个世界非常混乱，每个人都愿意囤积黄金，谁都不愿意要纸币。各国的黄金告急，这该怎么办？

1944 年，美国召开了著名的“布雷顿森林会议”，共有 44 个国家的代表参与。会议达成一个决议，各国货币和美元有一个固定汇率，美元再和黄金挂钩，35 美元等于一盎司黄金。什么叫盎司？盎司是个重量单位，一盎司约等于 31.1 克。1944 年以后，美元时代开启。

没想到好景不长，1971 年，美国经济出现了问题，各国都拿美元换黄金，可美国国库里没有这么多黄金了，美国只能宣布美元和黄金不再挂钩。美元贬值，金价开始暴涨，从原来的一盎司 35 美元涨到 1 900 美元。

有人问，既然黄金已经不再作为货币流通，那为什么金价还在不断地上涨呢？其实人们囤积黄金不是为了别的，只是为了保值。

黄金的功能

黄金是一种特殊的商品，它有三种属性：商品属性，黄金可以作为一种商品；投资属性，买黄金可以作为一种投资手段；货币属性，买黄金可以保值。从世界范围来看，人们主要对黄金有三种需求：黄金首饰的消费需求和实物金条的投资需求，这两者约占黄金总需求量的 80%，另外还有 20% 的黄金被用于工业生产，央行也有储备黄金的需求。

黄金的主要功能是保值，因为其具有保值功能，才衍生出了黄金的避险属性。例如，中国和印度都是黄金的消费大国，无论是嫁女儿还是娶媳妇都要有黄金首饰。中国人买黄金，一是消费，二是投资，三是避险。

中国的黄金抢购潮

2013 年 4 月，国际金价暴跌，华尔街投行预测，黄金会从 1 500 美元左右跌至 1 100 美元左右。4 月 15 日，黄金价格一天内就下跌了 20%，百姓们冲进最近的商铺抢购黄金制品。2013 年的五一小长假，人们疯狂购买黄金，许多城市商场中的黄金专柜被一扫而空。不仅如此，还有人到中国的香港和台湾抢购黄金。

据说，2013 年，人们在五一小长假时的问候语是，你买黄金了吗？抢购黄金现货，是为了让自己的财富保值和对抗通货膨胀带来的风险。但人们买入黄金后才发现，金价还在继续下跌。中国人买入的黄金，6 年都在高位套牢，一直在赔钱。直到 2019 年下半年，金价才开始回升，现在黄金现货和期货价格都在 1 500 美元左右。

买黄金避险是个不错的选择，但靠黄金赚钱却很难。因此，投资一定要考虑回报和风险 。

当黄金不再作为货币时，它就变成了消费品和投资品，世界局势动荡时，人们拿它来避险。如果你既不相信美元，也不相信欧元和英镑，就可以选择购买黄金。

在进行个人资产配置时，同样可以选择一些黄金产品，但不可过多，还要选对产品。从可能出现通货膨胀的角度来看，买点黄金是必要的。但是大量储备黄金必须具备一定的经济基础。如果你很喜欢黄金，可以购买实物黄金，首选那些可以原价回收的金条。购买黄金的基金也是不错的选择。

黄金的主要投资方式

第一，购买实物黄金。市场上可投资的实物黄金主要有三种形式。第一类是金币，包括普通金币和纪念金币。第二类是金条，分为普通投资金条和具有收藏价值的纪念型金条。第三类是黄金饰品，主要具有观赏价值。但在回售时，黄金饰品的价格会有一定幅度的折损。因此，黄金饰品不适合以投资为目的购买。

第二，购买黄金 ETF。黄金 ETF 是一种开放式基金，主要投资金交所黄金现货合约，并在证券交易所上市。相比其他黄金的投资方式，它具有明显优势。目前国内共有 4 只黄金 ETF，已经稳定运行超过 5 年，总规模超过百亿元。

第三，购买纸黄金。纸黄金是一种个人凭证式黄金。投资者在账面上根据银行报价买卖“虚拟黄金”，靠买卖差价获取利润。纸黄金的门槛较低，是适合个体投资者参与的黄金投资方式。

此外，还可以购买交易所的黄金期货、黄金现货、黄金 T+D 等。

影响金价的主要因素

影响黄金价格走势的因素有很多，比如，美国经济形势不好，美元利率向下，金价就会上涨，金价既和通货膨胀率相关，又和石油价格和大宗商品价格相关。

有人问，过去金价的波动没有这么大，为什么现在波动这么大了呢？全世界大规模的资金多数都和美元捆绑在一起，很多国家的外汇储备基本都是美元，一旦美元撑不住了，还有什么值得信赖、值得投资呢？于是人们想到了黄金。

如果所有货币都不被认可，都不值得相信，那我们能相信什么？全世界都认可的就只有黄金，所以金价现在又冲到了 1 500 美元。现在各国都在买入黄金，将其作为外汇储备，我国政府这几年也加大了对黄金的买入力度。

黄金价格暴涨的背后，是人们对美元的不信任，以及对未来风险的不确定。

当世界形势不稳定时，我们还能相信美元吗？如果美国不计后果地印刷美元怎么办呢？所以黄金是一个最安全的出口。但黄金是和美元对冲的，美国经济好转，美元升值时，黄金价格就会下降。

知道这些原理后，你可以在资产配置时购入一些黄金，但不必都买实物黄金，可以买黄金的基金 ETF 和纸黄金，它们便于流通。

第29讲

退休理财

中国退休的人越来越多。退休后究竟该怎样理财呢？这是一个新话题。在我国，“50后”“60后”的孩子都长大成家了，这些人退休后没了经济负担，手里还有一些闲钱，该如何理财呢？这一讲我们来谈谈退休理财。

为什么退休了还需要理财？

随着我国退休的人越来越多，怎样过好退休生活成了许多人关心的话题。退休人员会面临以下几个风险：

长寿带来的风险。任何人在退休时都要面对一个事实，就是人的寿命会越来越长。对许多人来说，退休的状态可能会持续20年、30年甚至更长。当然，活得久是一种福气，但个人积蓄却面临挑战。退休专家通常把这称为“长寿风险”。所以，为了避免长寿带来的风险，就要做好退休理财。

养老金风险。我国城市居民养老的钱包括国家发放的养老金、个人购买的养老保险、储蓄等。而我国农村居民养老绝大部分是靠个人存款或儿女赡养。

通货膨胀风险。退休人员按同样的比率年复一年地领取养老金，如果消费价格上涨较快，就会使购买力下降，领到的退休金买不到那么多的东西了，生活水平就会下降。

医疗风险。人老后一旦生病，看病很贵。如果老人生活不能自理，还需要请专业的看护人员。政府发放的养老金里并不包括看护人员的费用，所以退休人员还应考虑有可能支出的这笔费用。

怎样做好退休理财？

未来平均每人都会过 25~30 年的退休生活。怎样更好地享受退休后的生活呢？你需要做一个退休理财计划。需要考虑哪些因素呢？

第一，情感因素。退休后你想在哪里居住？夫妻两人有共同的退休愿望吗？你会四处旅游还是待在家里？你是否愿意和子孙同住？你要找出自己的核心需求。

第二，退休策略必须要能应付两个人生阶段：财富累积阶段和财富消耗阶段。财富累积阶段是从你进入职场的第一天开始直至退休。这个阶段关键是要有长远的眼光，根据个人的风险承受能力，投资一个长线分散的投资组合。由于这段时间很长，你可能获得的收益就会比较多。在这个阶段，最好的方法是把储蓄分成好几份，例如买房的钱、子女的教育基金和为退休生活预留的钱。

在你的财富消耗阶段，也就是退休阶段，应该保持谨慎的态度，因为你必须要为较长时间的不确定性做好准备。如果你的投资计划太保守或太冒险，你在退休后面临的风险就可能很大。

当离退休还有一段时间时，你的投资策略应偏向追求高收益；当你即将退休时，可以适度降低投资的风险。一个人退休后能够生活得无忧无虑的关键在于，工作期间已有足够的积累。

第三，目标导向型的投资。不论你是初入社会，还是已经退休，一定会有许多财富目标。例如，今年你想买房子，还打算 2 年后送孩子出国读大学，同时也计划在 20 年后退休，希望能存够退休后生活所需的资金。

想要实现所有目标，就该制定长期目标和短期目标，并根据目标的重要程度来确定行动的顺序。例如，如果优先考虑孩子的教育，那你是否愿意在退休后节衣缩食地生活呢？这需要你在投资时做出取舍。

为了实现短期目标，你必须预留一定的流动性资产，现金是最好的选择。而对于长期目标，你有更多时间去规划，可以寻求更高的收益。例如，15 年后才退休的人，可以持有较高比例的股票。这就是目标导向型的投资，它能减少你随便花钱的行为。

无论你将在 5 年或 40 年后退休，为自己的目标预先做出计划都是十分必要的，而且开始得越早越好。年轻的时候，承担风险的能力最强，资产规模也相对较小，所以更需要你全力投资，尽可能取得较高的回报。当你快退休时，应该采取更保守的投资策略，保护你累积的财富。

此外，你要为长寿做好准备。在中国香港，年满 65 岁的夫妇至少有一人有 69% 的概率能活到 90 岁以上，有 15% 的概率能活到 100 岁以上。在你的退休计划中，必须有足以应付长期生活的费用。换句话说，你的投资应该要在你退休后的一段时间内维持增长。

把你的目标计划进行排序。由于每个目标各不相同，单一的投资计划，比如买房，未必是实现所有目标的最理想方案。首先，你应该根据各目标的重要程度决定子女教育、买房以及退休各需要多少储蓄金额。其次，还要有流动的短期投资和现金，以应付紧急情况下的大额开支。最后，时间是最好的复利。尽管市场总有表现不好的时候，但是根据以往的结果，投资者在较长时间内都得到了稳定的回报。这是制订投资理财计划时应该考虑的因素。

国外退休人士的理财策略

德国人将退休金进行“三分式”理财。一是流动资金，有活期存款、短期定存等方式；二是固定资金，可以通过购买珠宝、房子、车子等，获得长期回报；三是风险性投资资金，可以购买股票、基金、债券等。现在，德国的退休人士已经成为德国股票市场的主力军。

数据显示，韩国的退休人士喜欢投资小户型房产。由于韩国的银行存款利率仅为1%左右，股票投资的风险又大，因此韩国老人倾向购买债券型基金或投资小户型房产。小户型房产的出租率高，每月有固定收入进账。

加拿大的退休人士乐于购置房产补贴子女。加拿大实行高福利的政策，老人退休后都过着衣食无忧的生活。但为了资助子女，很多人也会进行一些投资。最受加拿大老人欢迎的投资项目就是房产。加拿大年轻人大多没有攒钱的习惯，挣的钱基本都花在吃喝、旅游和购买服装等方面了。大部分加拿大老人在退休后，会购置房产来补贴子女。很多老人把郊区的大别墅卖掉，给自己买一套小公寓，或选择搬入老年公寓、养老院，并用剩下的钱在市区买一套小房子，出租给上班族或企业，这样既能提高自己的生活水平，又能给儿女提供一定的经济支援。

美国老人偏爱跟着专业人士进行投资。美国人深信“不能把鸡蛋放在一个篮子里”的道理，他们会找专业的投资经纪人帮助自己理财，并根据个人需要，投资3~5个项目。

对退休理财者的建议

第一，别存太多现金，够花就行。中国大部分家庭的资产通常都集中在房产上，人们手中持有过多现金。我建议大家，投资组合一定要多元化。如果退休投资配置的资产类别过少，一旦其中一种资产出现波动，投资者就会蒙受重大损失。事实上，如果把资产都存到银行，造成的损害是很大的。俄罗斯就是如此，通货膨胀导致退休人士生活困难。

第二，房子的贷款应该在退休之前还清。退休后就可以轻松地生活。一般而言，人们认为退休人士愿意缩减开支，把老房子卖了，搬到便宜的住所。其实退休人士不该指望把卖房子的钱作为退休后的一笔额外资金。因为他们很难适应变差的居住环境。

第三，要专门设立紧急储备金。退休人士要预留一些储蓄金，预防突发事件的发生。一般而言，紧急储备金应至少为 3~6 个月的家庭总开支。

第四，投资不能太保守，更不能太冒进。老年人理财有两种极端：一种太保守，只愿意买保本、保息的产品；另一种太激进，被高收益诱惑而购买高风险的理财产品。对退休理财而言，资产的流动性应该放在第一位，其次是风险性，最后才是收益率。不要期待能大赚一笔，投资稳定、固定的理财产品，跑赢通货膨胀才是关键。

第五，可以委托他人帮助自己理财。如果你不想操心理财方面的事，可以委托家人、朋友及相关工作人员为自己理财。但在委托前要签好保证协议书，还要有经过公证的合法协议书。

第 30 讲

早期教育

父母都希望给孩子留下一笔财富。其实，一个家庭最大的财富，不是房产、现金、股票和证券，而是人力资本。让你的孩子成为一个有知识、有文化、有能力的人，这才是家长能给孩子的最宝贵的财富。这一讲我们来谈谈早期教育的问题。

什么是早期教育？

早期教育是开发一个人智力、能力的基础。

在孩子出生的最初几年，大脑处在飞速发育的阶段。3 岁儿童的大脑活跃度是成人大脑的两倍。0~3 岁是儿童成长和发育的重要时期，为儿童提供良好的营养、启蒙教育和安全的环境，可以使儿童大脑的充分发育，帮助儿童发挥他们的最大潜能。

在幼儿园接受优质的学前教育，可以激发儿童的好奇心和学习兴趣，有助于培养他们的社会性行为，建立他们的自信心，还可以帮助幼儿做好小学的入学准备，并为他们的终身学习打下牢固基础。

早期教育的重要性

1962 年，美国开启了“佩里计划”，这个计划对 123 名 3~4 岁的儿童进行了实验。他们把同等智力水平的孩子随机分为两组，一组是实验组，实验者对这些孩子进行了学前教育培训，并定时家访；另一组是对照组，实验者没有对他们进行学前教育培训与家访。

实验者持续跟踪记录这两组孩子的成长情况，直到他们成年。实验者掌握了他们在各年龄段的情况，并将实验组和对照组进行了比较，从而了解了学前教育的效果。这个实验的结果表明：学前教育对人未来的发展具有长远的、多方面的积极影响。

美国芝加哥大学的詹姆斯·赫克曼教授研究了“佩里计划”长达 40 多年的资料，并把各种因素都换算成了钱，来计算投资回报率。他画出了著名的“赫克曼曲线”，并因此获得 2000 年的诺贝尔经济学奖。

研究结果表明，0~3 岁阶段的早期教育投资回报率为 1∶8；3~4 岁阶段的早期教育投资回报率下降到 1∶7；小学年龄段的教育回报率下降为 1∶3；大学阶段则直接降至 1∶1。也就是说，年龄越大，教育投资的回报率越低 。

赫克曼曲线表明，教育投资回报率最高的阶段是学龄前的早期教育阶段。越早投资教育，收益就越大。据测算，对学龄前儿童的教育每投资 1 美元，社会就能获得 12~17 美元的回报。

研究结果还表明，“佩里计划”的实验参与者到中年时，生活质量也没有下降。实验参与者的个人和家庭生活都十分和谐，他们的孩子在教育、就业和生活方面都非常积极、乐观，基本没有暴力犯罪之类的行为，而且都有稳定的工作。

我们说，对幼年时期的孩子进行培养，可以使他们形成良好的自控能力、温和的性格、健康的习惯以及准确的认知。早期教育会让孩子终身受益。

早期教育投资跟家庭有关，因为家庭能够对孩子的人格起到塑造的作用。20 世纪 60 年代，人们认为可以让 60 多岁的钢铁工人去接受新的培训，并重新上岗。但研究表明，这些年龄较大的人，甚至都不愿意参加培训，更别说重新上岗了。所以，在人生的不同阶段，教育投入的回报是不同的。简单来说，早期教育的投资回报大，而越晚进行教育投资，回报就越小。

我国早期教育的现状和存在的问题

中国每年约有 1 600 万婴儿出生，其中超过半数婴儿出生在农村地区。

目前我国还没有针对 0~3 岁儿童早期成长的综合干预措施。在农村地区，留守儿童一般由爷爷奶奶或外公外婆照顾。但老人们仅仅能保证让这些儿童吃饱穿暖，留守儿童在情感、智力和语言等方面的需求被忽视了。

中国约有 770 万 5 岁以下的儿童生长迟缓。更加值得注意的是，贫困地区 5 岁以下儿童的生长迟缓率高达 20.3%，这会给儿童发育带来不良影响。2018 年，中国的每个城市家庭花在孩子身上的钱平均为 1.73 万元，其中一线城市的花费超过 2 万元。城市家庭对孩子的投入处于较高水平。与主要发达国家相比，中国城市家庭为一个孩子所花的钱，占到了家庭总支出的 17%，仅次于日本的 36%，远高于美国的 8%。

早期教育是家庭最重要的一项投资。但很多家长将早期教育理解为，让孩子参加各种早教班。目前，我国的早期教育存在以下的问题：

家长忽视家庭教育。家长认为把孩子送入早教班就是对孩子进行早期教育，却不知道早教的最佳地点其实是家里。早教专家认为，6 岁之前的早期教育需要以家庭为核心，应该是以父母陪伴为主的家庭亲子教育。

中国的很多家长都认为，早期的教育投资就是多给孩子花钱。他们把孩子交给学校，让孩子参加各种早教班、补习班，以为这就是对孩子好。但他们不知道，学校、教育机构只能负责传授知识，无法塑造孩子的人格，也不能帮助孩子提高能力、品质，或养成某种习惯。教书的是老师，但育人的却是父母。

有些父母在孩子身上投入了大量的金钱，却忽视了家庭教育。优质的家庭教育，可以培养出非常优秀的孩子。这才是最重要的投资。早期教育投资是性价比最高的投资。

早期教育要有一定顺序和规律

一些家长喜欢对孩子进行超前教育，比如让半岁的孩子开口说话；让不到1岁的孩子学走路……这些观念和做法都是极其错误的。

3岁前，孩子的模仿能力是最强的，这是学习语言的最佳时期。家长要大胆地使用科学词汇，比如家长可以告诉孩子，什么是火箭，什么是飞船，什么是宇宙，等等。家长可以培养孩子对科学的兴趣。0~6岁是孩子身心迅速发展的时期，这时要通过讲可以让人产生思考的故事，培养孩子的记忆力和逻辑思维能力，使孩子的左右脑平衡发展。

其他国家的早期教育情况

加拿大的老师普遍认为，幼儿阶段是孩子各种能力均衡发展的关键期。孩子的动手能力是其所有能力中最重要的。动手能力的强弱会直接影响孩子的创造能力。所以加拿大的家长不提倡让孩子过早认字、写字和计算。

德国家庭教育的重点在于培养孩子的抽象思维能力。与数字有关的游戏普遍受到欢迎。在德国的家庭教育中，绘制地图是重要的一项内容，通过绘制地图，可以考察孩子的观察能力、思考能力、逻辑思维能力、动手能力和艺术表现能力。

日本的孩子在上学时能自己整理书包，自己背书包去上学，这是因为日本的家长十分注重培养孩子的自立能力。

因此，早期教育投入不仅仅是金钱投入，还有父母的陪伴，老师的严格要求。此外，还要注意培养孩子的品德，这才是最重要的投资。

第31讲

人力资本

人力资本投资是一项重要投资。重视人力资本投资的个人和家庭，未来都有希望；重视人力资本投资的国家，未来都很有竞争力。那什么是人力资本投资呢？职业教育和在职培训的重要性又体现在哪里呢？这一讲我们来谈谈人力资本投资。

什么是人力资本？

人力资本是指体现在劳动者身上的资本。人力资本包括人的健康、技能、知识、经验、习惯等。提高人力资本可以使生产力也得到提高。

如果大学毕业生的工资增长快，和高中毕业生的工资差距日益加大，就会激发人们上大学的积极性，大学的入学率就会明显提高。如果拥有人力资本的人在就业、工资、社会地位等方面都有优势，就会使人们增加对人力资本的投资。

忽视对人力资本的投资，个人会失去职业竞争中的优势；国家在世界上的竞争力会下降。只有对人力资本的投资越来越多时，一个国家才能维持经济增长。因此，人力资本投资是极为重要的一项投资。

人力资本投资的重要性

研究发现，人们接受教育的时间每延长一年，收入平均可增加 10% 左右。当然，教育的质量也很重要。一项实验显示，在美国的小学中，让一名平均水平的老师代替一名低水平的老师，相关班级学生的终身收入总额可增加 25 万美元左右。

教育投资在减贫方面可以发挥重要作用。例如，非洲国家加纳 20 年来持续加大对教育的投入，全国年轻人识字率超过 90%，贫困率也从 1991 年的 52.6% 降至 2012 年的 21.4%。

教育投资还可以降低社会的不平等程度。在大多数国家，富裕家庭出生的孩子，在人生的早期阶段就有了很多好机会，这些好机会可以让他们一直保持优势。如果让贫困家庭的孩子也去读书，他们的命运就可以改变。

教育投资还可以提升社会的友好程度。研究表明，20 世纪 50 年代，欧洲掀起了义务教育改革的大潮，欧洲人比从前更欢迎外来移民，因为他们发现移民能给本国带来好处。

没有教育投资，人就不具备工作的能力。一个国家如果不投资人力资本，将付出巨大的代价。这种代价是什么？是几代人的贫穷。人力资本投资既是国家应该考虑的事，也是每个家庭和每个人应该考虑的事。

我国人力资本投资的现状

过去 40 多年，中国在经济、社会等各方面飞速发展。中国的发展一方面受物质投资驱动，另一方面受人力资本驱动。1978 年，中国已经有了大量具有中等技能水平的劳动力。当时的许多人都是初中文化水平。虽然目前我国的初中、高中和大学毕业生每年都在增加。但我国人口整体的受教育程度还比较低，中国高等教育的水平还很低。

近年来，我国修建了很多高速路、桥梁、高铁、机场及其他基础设施，这些都是对物质资本进行的投资，但国家在人力资本方面的投资却很少。

人力资本投资是一种储蓄的形式，也是一种投资的形式。比如，对人力资本进行投资的家庭就相当于有一个长期储蓄罐。你不停地往储蓄罐里放钱，总有一天会发现，它给你带来了巨大的收益。

人力资本投资是一个长线投资，短期内并不能马上见效。但在人们需要时，这种投资就能派上用场，并一生受用。

职业教育和在职培训

职业教育

大学教育并不适用于每一个人，因此，我国也在大力发展职业教育。目前，我国的职业教育学校数量虽然在增长，但入学人数还比较少，并没有形成长期增长的趋势。

发达国家的职业教育已发展到较成熟的阶段。比如德国，德国的中学生并不都去上大学，初中时老师就看出谁更适合读大学，而谁更适合上技校，去学专门的技术。这些职业学校的毕业生进入工厂后，以师父带徒弟的模式进行培养。德国蓝领工人的工资可一点儿不比白领的低，而且蓝领工人在德国很受尊重。德国拥有规模庞大的技术工人，因此德国造的汽车口碑很好。

中国在职业教育这方面的投资还很不足，技术型人才短缺。

在职培训

举例来说，假设你现在每月的收入有 6 000 元，扣除正常的开销后每月结余约 2 000 元。此时与其期待公司加薪，不如提高自己的能力，使自己具有更高的人力资本价值。

你可以将现在每月省下的 2 000 元全部用于储蓄或投资，但建议你用这些钱来提升你的人力资本价值，提升你的竞争力，这样你就有机会加薪升职。如果给你加薪 10%，每个月就能提高 10% 的收入，这比投资 2 000 元得到 10% 的回报更多。而且你获得的能力在你身上体现，这是零风险的。

在中国，很多人选择读 MBA。有些人在大学毕业工作了几年后，又回到大学读 MBA。这样既能学到知识，又使自己的能力得到了提升，毕业后，薪资会再上一个台阶，还有可能成为管理者。

时代在飞速发展，我们每个人都应当问问自己，5 年或 10 年后我会在哪里工作？我会被机器替代吗？只有不断地充电、学习，不断地进行人力资本投资，我们才能够不被淘汰。

第 32 讲

中国经济的未来

大家都很关心中国经济未来的走势。也许有人会问，中国未来的经济总量会超过美国吗？中国现在在世界上处于什么位置？我国的战略又是什么？这一讲我们来谈谈中国经济的未来。

"一带一路"倡议

我国在 2015 年提出了"一带一路"倡议。"一带一路"有三条线路：北线、中线、南线。北线是从北京、俄罗斯、德国到北欧；中线是从北京、西安、乌鲁木齐、阿富汗、哈萨克斯坦、匈牙利到巴黎；南线是从泉州、福州、广州、海口、北海、河内、吉隆坡、雅加达、科伦坡、加尔各答、内罗毕、雅典到威尼斯。

两条陆地上的线路叫"一带"，一条海上的线路叫"一路"。一条陆地上的线路通往德国，一条陆地上的线路通往法国，一条海上的线路通往意大利。"一带一路"把中国和亚洲、欧洲联系在了一起。

那么，中国为什么要提出“一带一路”的倡议呢？

中国经济发展需要“一带一路”

欧洲国家崛起，比如英国和法国，靠的是殖民地，打开国际市场。美国崛起依靠的是二战后的“马歇尔计划”，美国花了100多亿美元打开了欧洲市场，又通过援助日本打开了亚洲市场。这些大国崛起的途径都是先开辟国际市场，输出产品、资本、技术，再购入稀缺资源。

中国发展经济不能走其他国家走过的老路，而要走一条有中国特色的道路。中国要利用“一带一路”来建立自己的经济贸易区。

让我们来看看“一带一路”产生的背景。2010年，我国和日本、韩国准备建立一个中日韩东亚贸易区。正在筹建时，2012年，美国在钓鱼岛问题上挑拨中日关系，结果东亚贸易区计划流产。2012年，中国和韩国想建立一个中韩自贸区。2015年6月1日，中国和韩国正式签署自由贸易协定，协议将在2015年底正式生效。美国在当年10月邀请韩国总统访美，迫于美国的压力，韩国总统部署了“萨德”系统。这个系统直接威胁中国的领土安全，结果中韩自贸区计划也流产了。2015年，我国提出了“一带一路”的倡议。中国这次的“一带一路”倡议，是与沿线的许多国家进行合作，美国无法向每一个国家施压。

我国具备发展“一带一路”的客观条件：

第一，我国有超大规模的实体经济。中国客观上具备“一带一路”发展的条件，而美国和日本都不具备。2016 年，我国实体经济规模已达 5.5 万亿美元，远远超过美国。自从 2010 年被中国超过后，日本现在的经济总量不到中国经济总量的一半。美国和日本都不具备和中国竞争的条件。

第二，中国的储蓄率高。我国的个人储蓄、企业储蓄和国家储备都很多。“一带一路”倡议就是要利用好我国的剩余储蓄，支援沿线还没有发展起来的国家搞建设，让他们与中国一起发展，进一步拓展中国经济发展的空间。国际贸易使各国受益匪浅。

设立亚投行

2015 年底，亚投行在北京成立。亚投行的全称是亚洲基础设施投资银行。亚投行的启动资金为 1 000 亿美元，撬动资金 1 万亿美元，亚投行的设立是在为“一带一路”保驾护航。刚开始筹建时，美国警告西方 7 个发达国家，不准它们加入亚投行。英国悄悄打来一个电话，问英国可不可以加入，中国同意了。结果英国打电话通知美国说，你们都说亚投行有问题，我们去替你们看看他们的运作正不正常。

由于英国率先加入亚投行，打破了之前的平衡，德国、法国、意大利也纷纷加入亚投行。亚投行成立时有 57 个发起国，现在已经有 70 多个国家加入了亚投行。亚投行不仅是亚洲的投资银行，也是世界的投资银行。

到现在为止，只有两个大国没有加入亚投行，那就是美国和日本。

中国为什么要设立亚投行呢？世界的经济中心先是从英国转到美国，又从美国转到中国，但世界金融中心一直不在中国。美元在世界金融领域一家独大。中国在世界金融领域没有话语权。我国要求人民币加入国际货币基金组织特别提款权，就是想让人民币变成国际储备货币，但我国申请了 5 年都没有通过。亚投行成立后，2016 年，国际货币基金组织同意人民币加入特别提款权，人民币成为国际储备货币。

成立亚投行可以使中国在国际金融领域中更具话语权。这是一个具有里程碑式意义的事件，是人民币国际化迈出的第一步，它表明中国金融已走向世界。

站在世界的角度看中国经济

根据国际货币基金组织的预测，2019—2025 年，中国对全球经济增长的贡献约占 1/3。中国在世界金融市场中扮演着重要角色。我国和世界的联系更加紧密了。具体表现在以下三个方面：

第一，人民币国际化。人民币国际化正在稳步推进。未来你出国时，拿着人民币就可以买东西了，到那时，人民币已经成为国际货币，这是大国崛起的标志。

第二，资本市场开放。中国会引入国际资本，中国资本市场的机会将会变大。

第三，摩根士丹利将中国的股票和债券纳入其全球基准指数。摩根士丹利编制的证券指数能为股市投资者提供参考，我国的金融正在向国际化发展。

我国债市、股市、汇市和人民币的国际化既给我们带来了机遇，同时也带来了挑战。

我国政府制定的新战略计划

建立雄安新区和粤港澳大湾区

建立雄安新区是为了使京津冀协同发展，而建设粤港澳大湾区是为了将广东、香港和澳门联系起来，便于分工合作，使资源互补，解决城市间的资源分配问题，做好产业布局。粤港澳大湾区中的产业链要留在珠三角，因为这几个地方的地理位置接近，企业能很快做出反应，使上中下游的产业链形成新的系统。设计制造与生产都在同一个区域内，有利于产业发展。这些都是中国经济新的增长点。

军事和航空航天领域

2012 年，我国第一艘航空母舰“辽宁舰”开始服役。2017

年，我国第一艘国产航空母舰“山东舰”下水。目前，我国第三艘航空母舰已铺设龙骨。中国即将拥有航空母舰战斗群。

2012年，我国的“神舟九号”飞船和“天宫一号”目标飞行器成功对接。2016年，我国的“天宫二号”空间实验室飞上太空。天宫二号是中国未来的太空站。

据估计，中国的经济总量将在2030年赶上美国。中国经济目前固然还有这样和那样的问题，但它不会影响中国走向强国，走向世界舞台的中央。

后 记

2003 年春，中国暴发非典疫情，当时我在写《推开宏观之窗》；2020 年春，新冠病毒传遍全球，我在写《中国新经济》。这两本书都在疫情中完成，也算是“危中有机”。

在这里，我想给大家介绍一个故事、一部电影和一段碑文。

特洛伊木马的故事相信大家都听说过。公元前 13 世纪，特洛伊人和希腊人之间爆发了一场战争。当时，特洛伊的王子渡海去希腊的斯巴达做客，刚巧斯巴达王外出奔丧，王后海伦接待了他，海伦长得美艳动人，特洛伊王子对其一见倾心，就掳走了海伦。斯巴达王闻讯后立即赶回，但海伦已不见踪影。斯巴达王向自己的哥哥求援，组建了一支由 1 000 多艘战舰和 10 万大军组成的军队，直奔特洛伊城下。特洛伊全城子民在王子的率领下奋起抵抗。希腊军队连续 9 年都攻不下特洛伊城。到了第 10 个年头，希腊军队中的英雄阿喀琉斯退出了战斗，特洛伊人趁机反攻，希腊军队损失惨重。

阿喀琉斯退出战斗，是因为他爱上了一个美丽的姑娘。在一个小湖畔，阿喀琉斯的妈妈对他说："孩子，你可以不去参加这场战斗，可以娶妻生子去过快乐的生活。你会有儿子，还会有孙子。当你死后，你的儿子会记住你，你的孙子也会记住你，再以后就没有了。但如果你去参加这场战斗，打赢了历史会记住你！"在妈妈的鼓励下，阿喀琉斯重返战场，战斗役转败为胜。希腊人利用木马打败了特洛伊人，希腊人胜利了，阿喀琉斯也因此青史留名。

有一部日本动画电影叫《千与千寻》。10 岁的少女千寻和父母从都市搬家到乡下，在搬家途中，一家人发生了意外，他们误入了一个魔幻的世界。千寻的父母发现，在冷冷清清的街道上，有一家美食店，店里没有人，于是他们走进去大吃起来。当千寻找到父母时，发现他们都变成了猪。千寻的父母因为贪吃变成动物，他们忘了初衷，忘了名字，忘了一切，只剩下贪婪。千寻为了救父母，经历了很多磨难。电影中最令我难忘的是行驶在海上的电车：傍晚的夕阳把天空染得通红，电车在平静的水面上留下一长串涟漪。阳光洒在海面上，海天一色，美不胜收。最终千寻救回父母并找到了回家的路。

2006 年夏天，我去了一趟英国，在伦敦参观了威斯敏斯特大教堂。这是一个世界著名教堂，教堂内有无数名人的墓碑。教堂地下室的墓碑林中有一块十分普通的墓碑，上面没有姓名，许多看过碑文的人都感到很震撼。

碑文是这样写的：当我年轻的时候，我梦想改变这个世界；当我成熟以后，我发现我不能改变这个世界；我将目光缩短了些，决定只改变我的国家；当我进入暮年后，我发现无法改变我的国家；

我最后的愿望仅仅是改变一下我的家庭，但是，这也不可能；当我躺在床上，行将就木时，我突然意识到：如果一开始我仅仅改变自己，然后作为一个榜样，我可能改变我的家庭。在家人的帮助和鼓励下，我可能为国家做一些事情。然后，谁知道呢？我甚至可能改变这个世界。

在特洛伊木马的故事中，阿喀琉斯的母亲跟他说的那段话告诉我们，地球上的人就像恒河中的沙一样多，要做一个有理想、有成就的人不容易。我们的人生只需要发出一束光，去照亮世界。电影《千与千寻》让我们知道，贪图安逸、追求享受，最终会毁掉自己。威斯敏斯特大教堂的无名碑文告诉我们，一个人要先学会改变自己，然后才能改变家庭、改变国家，最后才能改变世界。而改变自己要从读书做起。

一个国家的强大、一个时代的繁荣，是我们每一个人努力奋斗的结果。我们只有不懈地努力，不断地学习，才会有中国盛世的来临。

我花了一年半的时间写了经济学系列的三本书。当写完这本书时，我要开始新的征程了。学习、读书和行路，我从未停止过我的脚步。让我们坚守初心，别忘了来时的路，那是我们的归途；也别害怕前方的路，那是我们的征程。

亲爱的读者朋友，再见。

韩秀云

2020 年 4 月 30 日于北京香山